給

最 珍愛的人

香港中文大學哲學系高級講師
盧傑雄博士

哲學家總是談玄論道，話題高深莫測，往往令人摸不著頭腦。大概這是大眾的刻板印象。但是，當你翻開這本書的目錄，內容皆是日常生活的切身課題，無論是愛情的困惑、友誼的考驗，還是飼養寵物的責任，皆有可能正是你或你的朋友思考過的。雖然，你未必能在此書中找到問題的答案，但是哲學能幫你打開思考的門，能給你不同的視角，找到解決問題的方向。作者譚君雖然不是我的學生，但他跟我書信論學往返多年，實在是充滿熱情和勤奮研習哲學的年青學人。此書既有銳利的概念分析，也有嚴謹的邏輯推理，往往在混淆不清的複雜議題中理出線索，讀後令人心智清明。預祝一紙風行，洛陽紙貴，廣益天下！

2025 年 3 月謹序於中文大學

曾瑞明博士

AI 時代的哲學態度

AI 時代，抄襲成風，作文與寫作的意義何在？AI 時代，資訊處處，讀哲學的價值又是甚麼？

收到「哲學生活」這本文稿，驚喜對以上的兩條問題都有答覆，關鍵詞就是生活和人與人的關係。

第一章問「哲學有甚麼用」？作者就指出哲學是一種生活態度，其實也是做人態度：「只有抱著謙卑的心，才可能把哲學學習得好。因為哲學是尋根究底的學科，我們必須對事情抱有好奇和求知的心。這亦需要抱有謙卑的心，才能夠虛心地了解自己對事物有何不足，並且向事物提出疑問，尋找真理。包括對於別人向我們提出的疑問、對於整個世界的探索，也必須抱有謙卑的心，才可以打開胸懷來接受真理。」這樣說很低調，很平和，不是那種哲學令你更聰明，更有型，賺更多錢的功利觀，而是一種對世界對自己的開放、探索和修補。AI 時代，或者所有哲學問題人工智能都會給你一個答案（答案好不好是另一回事），但能否透過哲學的研習對世界抱持好奇，則仍是我們只能為自己做的事情。然而，當哲學資訊愈多，我們的確需要更素樸的哲學態度。

其餘幾章談愛情、談朋友、談動物，我歸之為「關係」。作文寫作的意義，並不只是提供資訊，而是反思和刻畫我跟世界跟我相似的存在之關係的一個途徑。書寫時我們跟自己對話，跟被引述的哲學家對話，更準備跟潛在讀者對話。這個對話姿態並非人工智能可以取代。正因我曾跟「哲學生活」合作，我比較了解他們的旨趣和性情，對於他們集中這幾個話題，就更有多一種了解，知道他們為何言說。我看到哲學愛好者一種對人文世界純真的關懷，用一種哲學的筆觸和氣質去展現他們的探索。不過，他們若要進深一步，就要學懂跟哲人打交道，了解他們的背景和問題意識，然後在挪用他們學說和言論時就更有一種自覺。這會是更高層次的對話。

感謝「哲學生活」的譚煒勵先生邀序，也感謝他們辦不同興趣班課程給對哲學有興趣的朋友。我也曾講授哲學概論一課，有機會可重尋原初的困惑。今觀此書，亦激起初讀哲學時的純真與激情。這也是現今唾手可得的資訊時，我們也失卻了的情感。

陳嘉銘博士

那個蛋撻，讓我想到自己

最近，我參加了一個朋友的喪禮，和探望了另一個住在醫院「安靈堂」的臨終朋友。

那個已逝的朋友，也是患病；而我在去年十一月本來安排了去探望他，卻因為事故，延後到今年一月。其時在幾日之間，我被轉告他已停止用藥，更被送到醫院的「晚晴間」。我一廂情願地，更或許是無知地想，那不會是他的最後一刻；可是就在翌日凌晨，收到朋友離世的消息。

另一個朋友，是因末期病患，五月底決定停藥，再被轉到「安靈堂」；當我收到消息時，想到之前那位朋友的「晚晴間」——這兩個用語在我內心閃了多遍，是「安靈」和「晚晴」的正向，與我內心的憂思、哀傷，格格不入。而我也來到朋友的床前，看到他和家人談笑風生，而每當他說到站在一旁的女兒準備讀醫，眼中的神采不言而喻，教我感到，生命的希望，不僅止於存活。

讀阿劻的首本著作，讓我再思哲學與生命的價值，無不在於更廣闊的存活心智；而阿劻以「關係」作為全書最重要的一環，談到愛情、友誼和非人類動物的聯繫，雖說仍有更多可補足的說法，為無窮的倫理解話。但作為一部哲學生活的入門思辯，的確是值得細讀的片言隻語。

然而從一個書寫中或閱讀中的「我」，相對於一個他者——情人、朋友或動物的關係，得以再思的，反而更應該是「自己」——即「我」與「自己」的關係。由此，我就想到文首提及的兩個朋友，再想到生死，想到自身。

哲學的生成、轉化，無不攸關生死；阿勔提到的蘇格拉底，甚或還有後來者柏拉圖和亞里士多德，都有論到生命存活，更當然有他們最愛思想的理想國度。其他宗教聖賢，如比他們更早出現的釋迦牟尼，或之後才誕生的耶穌基督，思想都主張在世為善，同時也著力思渡生死。生死當然也涉及人與人之間的關係，但更多是自身內心的未知、擔憂、恐懼，還有不同宗教裡所言說的，涅槃或永生。

我無力認知哲學與宗教對此的種種說法，因為孔子在《論語・先進篇》的「未知生焉知死」，是我僅能「退守」的條件反射，讓我為生命的終結，滿有理由地把種種憂思放在旁邊，而只道生命已經滿有煩惱，我又何德何能想通死亡？

然而其實我非常害怕死亡，更恐懼此前隨時會來的疾病；而尤其年歲漸長，同代人都偶爾患病、離世，讓我更感到那亦步亦趨的生死考量，原來才是要我正視，「我」與「自己」的關係，而我又能否安撫那個時常惶恐的自己。

對於死亡，我仍未能好好梳理自己的焦慮情緒；而面對病痛，還有更多被傳媒或醫學界說得鋪天蓋地的種種「都市殺手」，更教我提心吊膽。或曰，在最危急的生死關頭，一切哲學思辯都只是無關痛癢，然面最埋身的「感召」，卻可能就在生活——生與活。

這讓我想到，那天探望在「安靈堂」的朋友，我聽他說到女兒立志讀醫，而他的女兒就剛好來到，站到他的床邊。其時黃昏的夕陽滲進室內，讓病房裡慘白的燈光，亮起了一絲絲散射的餘暉。這時，朋友的女兒，從口袋裡取出一個蛋撻，拉下口罩，在病房裡神情自若地，慢慢的吃著。

我頓時感動，只覺，那不是理所當然的，想像中的家人愁緒、茶飯不思。相反，那是日常的聊天、笑意，還有蛋撻，即如人生總應該有的甜點。

我沒有豁然開朗，但至少我感受到生活的智慧，不必然是希望，卻是在於體認——當前的苦難，總有伴旁的甘甜。朋友一家，是切切實實的活著。這才是哲學生活，也是生活裡應有的哲學，讓苦樂與共。

阿劻的首作，重視「關係」；而我感恩可以在書首分享到，關係於此，還有一個「我」，隨眾多他者而來，都在深耕一個「自己」。

2025年6月9日

巴黎西堤大學政治哲學博士研究生
Carmen IP

認識「哲學生活」創辦人阿勵將近兩年，我們多次合作舉辦讀書會，與參加者一同閱讀哲學文本，進行討論。得知他將會出版《讓哲學剖開生活之道》一書，實在為他感到高興，亦很榮幸能夠受邀為他的著作撰寫推薦序。

《讓哲學剖開生活之道》一書分為四個章節，三十多個部分，圍繞人生、愛情、友誼、保護動物等題目展開思考，當中不少的討論曾經在「哲學生活」的社交媒體專頁中提及過。正如「哲學生活」的目標是希望讓哲學融入生活，通過舉辦不同的活動，推廣哲學到大眾生活，阿勵撰寫此書的目的同樣就生活的不同層面進行討論，讓讀者體驗何謂哲學思考。

作者在書中首章提出了「哲學有何用」的疑問，相信這個問題對於很多喜歡思索哲學問題的人而言，是不能繞過的。不少人都會引用莊子哲學來說明哲學之用在於「無用之用」。如果我們以世俗社會標準來衡量哲學，沒法跳出必須證明哲學用途和價值的要求。那麼，如果哲學作為最為大用的「無用之物」，究竟是意味著甚麼？

如作者所說，哲學是一種生活態度。通過釐清觀念，我們能夠對日常生活中的事情作出反思，而非盲目過活，過著蘇格拉底所指的「未經審視的人生」。那麼我們能夠建構怎麼的人生呢？哲學能夠提供怎樣的方向？當我們說將哲學思考應用到生活，是否代表我們要為了找出人生的意義和目標，建構特定的知識，以確立人類存在及倫理的框架，指引人生的具體方向？畢竟，我們不是哲學家康德，不必執著於回應他的三大提問：「我能夠知道甚麼？我應當做甚麼？我可以希冀甚麼？」但是，我們可以跟隨作者的步伐，回到生活本身，思考對我們生活具有重要性的問題。

哲學（Philosophy）一詞由 philia 和 sophia 組成，意指「愛智」。究竟這是怎樣的「愛」？求知之愛應該要回到具體的生活實踐之中，而人際關係正是不可忽視的一環。人際關係的經營作為構成我們人生的重要部分，怎樣經營人際關係才能稱得上是真正的生活實踐？作者由親密關係著手，探問人際關係的重要部分——「愛」的意義。當我們提起「愛」的時候，都會不期然想到戀愛關係。究竟愛情的起始是出於一見鍾情，還是日久生情？愛情的萌發是否只由自身出發，愛上那個符合自己擇偶條件的對方？究竟不是為了滿足自己的需求，而是以對方的福祉為先的愛情是否可能？

作者引用美國哲學家諾齊克（Robert Nozick, 1938-2002）的一篇名為〈愛的聯繫〉（Love's Bond）的文章，指出愛情關係的關鍵之處在於新實體——「我們」（We）的建立。由「愛」引領的關懷，不是出於個人單方面的欲望或意願，而是通過相愛，兩個獨立的個體建立緊密的連繫，構成名為「我們」的共同體，兩人的福祉（well-being）互相扣連，並由此出發去行動。我們會出於「深切關心」（robust concern），自願去關顧對方，但同時又會尊重對方的自主性，而不是強迫對方跟從自己的意願而行動。

出於「愛」而關懷他人的情感，是否只能局限於浪漫愛情關係之中？實際上，人際關係的情感有其社會性，「愛護之心」不只限於親情、友情等層面，更可以推展至物件和動物。作者在書中進一步思考人類與動物之間的關係，探問動物為何在人類社會被當作工具、寵物，以用作滿足人類的需求。書中有關動物權益議題的討論，不是為了證成某種倫理規範，而是藉此出發，指向人類生命與其他物種生命之間的差異，為反思生命的價值提供方向。圍繞「生命」的思考，這點正是哲學最大的用處，出於愛和智慧的人生實踐。

《讓哲學剖開生活之道》是作者阿彭向讀者發出的誠意邀請，期待大家保持開放性，與他一同思考哲學與生活的關係。

自從我接觸哲學之後，有兩個問題都不少人問我：

1.「其實哲學到底是甚麼？」

2.「讀哲學有甚麼用？」

這兩個問題都不易答，尤其是第一個。「哲學是甚麼」本身已經是一個哲學問題，很難有一個絕對準確的定義。就算有也好，我們也很難單靠定義來明白「哲學到底是甚麼」。到了今日，我也不知道可以如何清楚地用語言讓一個完全沒有接觸過哲學的人知道和明白哲學是甚麼。

第二個問題：「讀哲學有甚麼用？」這個「有甚麼用」大部分人都是將焦點放在職業上。就如讀醫可以做醫生、讀法律可以做律師，但是讀哲學可以做甚麼？難道可以做哲學家？的確，如果從職業導向而言，哲學好像沒有一個直接的相關職業，除了學術發展這個路向。但是，我們有沒有想過，哲學的用處並非只以職業導向來看，而是從所有範疇來看？

於我而言，哲學不止是一門學科，而是一種態度和精神。讀哲學的時候，會學習到不同的哲學知識和哲學史；除此之外，我還學習到哲學的態度和精神。假如失去了當中的精神，這些哲學知識也許如某些人所言——哲學是沒有用的。因為哲學的重點在於求真的精神，我們對於不同事物都不能盲目接受而不求甚解。正如早期的哲學家蘇格拉底，他沒有讀哲學，也沒有讀甚麼哲學知識和哲學史，但他是世上其中一位偉大的哲學家。這就是在於他求真的精神，對於不清楚的事情不會盲目接受，而會追求真相。再者，讀哲學的過程中，也必然接受不同的哲學訓練，從而令到自己的思維模式有所改變，容易對不同事情產生具有哲學性的思考。這部分跟「哲學是甚麼」差不多，我也不知可以如何清楚地說明甚麼是具有哲學性的思考。

我寫這本書的其中一個原因是希望解答上述的兩大問題，但不是以定義的方式解答，而是以「體會」的方式。讓我對哲學有更深入的了解就是將自己放入哲學裡；當我投入於哲學，進行哲學思考，從而我就明白到哲學是甚麼的一回事。有些事情不能以文字去了解，而是要將自己投入其中才會明白。就如一個人從來都沒有做過運動，也沒有看過任何體育活動，單憑文字也很難明白「運動／體育」是甚麼。最起碼也要觀看過，才可以明白甚麼是運動。然後再接觸不同類型的運動，慢慢就能將不同活動分辨成運動和非運動。

這本書的結構是先從傳統的哲學作為簡介，再慢慢將大家帶到哲學的應用。愛情、動物、友情、倫理，都是我們生活會接觸到的範疇，我希望可以用日常的議題讓大家明白哲學如何帶進生活，與我們的生活息息相關。這本書引用哲學家的思考和想法的篇幅比較少，我希望可以用「哲學思考」這個方式，展現出哲學的另一面。

「愛」是甚麼？
「朋友」是甚麼？
「動物與人的關係」是甚麼？

這些理所當然的關係，我們有思考過嗎？

這本書我選擇了不同的關係情景，以哲學的角度思考當中的問題，讓大家體會「哲學是甚麼」以及「哲學有甚麼用」。

譚煒勛
六月十四日

contents

Chapter 3 |

朋友知己與老友

Chapter 4 |

被拋棄的倉鼠

哲學有甚麼用

Chapter 1 |

哲學有甚麼用

哲學生活

「哲學」往往都讓人有類似刻板的印象——艱深、不知所云、似是而非、裝模作樣，比較正面的印象可能是覺得讀哲學的人高深莫測、虛無飄渺。基本上「哲學」都會讓人覺得與現實生活有一種「距離感」，與生活扯不上任何關係。「哲學家」給人的印象往往都是一種站在高地的離地人士，只懂紙上談兵，空談理論，不切實際。然而，當你真正了解到哲學是甚麼一回事，你便會明白哲學也可以與我們的生活息息相關。

哲學不一定要閱讀厚厚的書本、博士論文、入讀大學才可以接觸得到。其實「哲學」可以很簡單，同樣可以融入生活。只要你懂得思考，便已經有足夠條件成為哲學家。當然，並不是任何的思考也是哲學，例如我們思考日常吃甚麼早餐這等問題，並不屬於哲學思考。

到底甚麼才是哲學思考，這本書也許能夠讓你體驗哲學。為甚麼是「體驗」，而不能夠以一句簡單的定義來說明「甚麼才是哲學思考」？大家試幻想，當我們一生中從未接觸過「體育科」，有些人以「體育」的定義來告訴你甚麼是「體育」，即動手動腳、跑跑跳跳，你也未必知道「甚麼是體育」。有些人會再舉例給你「踢足球、打籃球、游泳等」，但是假如你也沒有接觸過這些活動，你也難以理解「甚麼是體育」。不過，當我們有機會體驗過不同的體育活動，我們便可以慢慢掌握到「體育」是甚麼一回事，並能類化不同的體育活動。

體育活動分了不同類別，有些人是專業運動員，他們會不斷鑽研和鍛煉他們擅長的運動；有些人是為了興趣消閒；有些人是為了強身健體。不同人會因應個人的目的而決定進行哪一種類別和程度的體育活動，我們也不會認為「體育」是多餘的；「哲學」也是一樣。

假如我們只看學術研究的哲學，也許真的與我們的生活距離甚遠。其實「哲學」也可以不離地，甚至可以與生活息息相關。當然，只是純粹茶餘飯後風花雪月的談話不算是一種哲學討論，但是我們同樣可以將一些與我們生活上所談論的話題，以哲學討論的形式深入探討。假如我們只是於朋友聚會間討論某某明星的娛樂是非，這不算是一種哲學討論，但當我們深入討論某某明星的行為的對錯，當中牽涉理據、論證等，這種深入討論，也已經開始算是一種哲學討論，當中涉及哲學其中一個部門——倫理學；而當我們探討一個人是否真的知道某某明星有否偷情，當中探討「何謂『知道』」，即我們具備甚麼資訊才算是「知道」一件事情等等，也已經涉及哲學另一個部門——知識論。這些甚麼學甚麼論看似只是學術上才會接觸的理論，但我們也不要忘記，就算不是哲學，有不少學術上的理論都是從我們生活上所接觸的事情作為起始所研究出來。因此，哲學的理論和思想同樣可以套用回我們的日常生活。

哲學有甚麼用？

很多人都會問這個問題：哲學有甚麼用呀？

哲學的用途是在於一個人能否把這一切善用於日常生活，並且需要經驗的配合應用，就如一個人不斷健身，只享受健身過程，但從來也不應用於日常生活；對他來說，健身便只有享受的用途。哲學思考也是一樣，如果一個人只學習哲學理論，卻從不應用，對他而言也只有知識上的吸收，卻沒有應用的功用。一個工具的價值和功用，在於持有人的使用方法，如果你只是把工具放在一旁，這工具便沒有用途。

哲學著重於思考的部分，哲學思考主要透過我們的批判思考，即是我們的理性思考來尋找真理。這些過程中，能夠有效地訓練我們思考的嚴謹性，包括邏輯推理、對確推論、語理分析、創意思維等等。這一切對我們日常生活、工作、學習也有很大益處。就如在工作上，我們需要構想一些計劃，當中離不開構想一些新的想法，而該想法的可行性，需要透過我們的批判思考來判斷。當你要將想法表達出來，說服其他人接受你的意見時，也需要有良好的邏輯推論才可以令人信服。

同樣，有很多人都會問一個問題：你不做運動員，做運動有甚麼用？

哲學就如運動一樣；我們日常生活也離不開運動，舉手投足也需要運用到「運動」，例如追巴士、到超級市場買用品，這一切都牽涉到運動。有些人追完巴士後可能便已經虛脫，有些則一臉輕鬆；這些都與他們的體能有關。如果體能良好的話，日常生活有很多事情都會處理得很輕鬆，甚至學習不同的運動也會得心應手。哲學亦同理，有一些人思考比其他人快，思考得比他人仔細，很快便能找到資料的重點，亦能很快找到別人說話中的謬誤，這種思考能力就如體能一樣，思考能力較高的便會容易掌握資訊的重點，學習不同知識的時候也會容易理解，這對學習也有很大幫助。哲學思考就如健身一樣，看似很無聊和沒有用，實際是強化我們內在的能力，讓我們外在的能力整體而言也得以提升。

所以，哲學有甚麼用呀？哲學的其中一個優點在於強化我們的思考能力，思考能力強化後，無論在日常生活還是工作上也有很大幫助。

哲學是一種生活態度

為甚麼我說哲學是一種生活態度？一種學科也可以是一種生活態度嗎？難道我可以有一種「數學」的生活態度嗎？

當然不是任何一門學科都可以視作為一種生活態度，哲學是一門很特別的學科，學習哲學的過程同時培養著一種學習態度。這種學習哲學的態度亦可以轉化成一種生活態度，繼而將哲學融入生活。

學習哲學，我們常常要抱有「謙卑」的心。

只有抱著謙卑的心，才可能把哲學學習得好。因為哲學是尋根究底的學科，我們必須對事情抱有好奇和求知的心。這亦需要抱有謙卑的心，才能夠虛心地了解自己對事物有何不足，並且向事物提出疑問，尋找真理。包括對於別人向我們提出的疑問、對於整個世界的探索，也必須抱有謙卑的心，才可以打開胸懷來接受真理。

生活上我們也應當如此，正如蘇格拉底所說：「未經審視的人生不值得過的。」另外，《論語》中提及「吾日三省吾身」，亦主張每個人也應該自我反省每一天的生活，這一切的自我反省和審視，是為了令到自己的人生變得更美好。

我們應該抱有謙卑的心進行自省活動，才能虛心接納自己的不足，從而改善自己的生活，達致美好人生。

謙卑的相反是自滿，我們試想想自滿的生活會為我們帶來甚麼問題。一個人自滿的時候，往往會認為自己已經有足夠的知識，並且認為自己已經無可挑剔。當他自省的時候，他只會看到自己的「好」，但忽視了自己的不足，亦不會認為自己有改善的需要。自視過高和不自量力都只會令自己無法進步，甚至退步。

因此，把哲學融入生活，不止是思考的方法，而是配合當中的態度。以謙卑的心去面對世界和自己，虛心接受自己的不足和他人的意見，並且以批判思考來改善自己的生活，從而令到自己的人生更美好。

另一種也是學習哲學上應該抱有的態度，就是對事物抱有「懷疑」的精神。現今科技發達，資訊既廣亦雜，當中很多未能「Fact Check」的資訊，也需要靠我們自身的思考能力，來分辨資訊的真假。有一些明顯地不合邏輯的資訊，我們可以直接無視；不過有一些似真亦假的資訊，則有可能混淆我們；又或者一些以往我們所依靠的途徑和方法也有可能會變得不可靠，因此我們仍有可能會不假思索地相信那些資訊。

以一件虛構事件為例：有一些不尋常的事件，透過公共機構宣稱這一切不尋常的事件都是「無可疑」，大家不用擔心。當這一些不尋常的事件接二連三地發生，而公共機構每一次都對外宣稱「無可疑」。我們通常都不會懷疑公共機構所發放的資訊，因為我們認為公共機構的權威性是值得相信的，所以不會刻意去思考當中資訊的真偽。

我們對日常生活中的很多事情都習以為常，所以對這些事情都不會懷疑，並且直接相信。其實我們日常生活中，有很多事情都不是理所當然的，特別是資訊的接收。不論對資訊、他人的建議，甚至是自己個人的看法，也應該要抱有「懷疑」的精神，才可以在雜亂的資料下找到真相。

當然，我們並不是對所有事件都要抱有懷疑，也不是要把一切懷疑到沒有底線。難道我們要懷疑手上是否持有一本書嗎？難道我們也要懷疑 1+1=2 嗎？（在哲學家的世界上，的確有人提出懷疑自己眼見的一切事物，也有人提出懷疑 1+1=2）這本書希望帶出一個信息——將哲學融入生活，並非把學院式哲學硬塞進生活裡，並非把生活上的一切都要懷疑到底，也非把生活上的一切都要套上各種的哲學理論；我們只需要抱有「懷疑」的精神，而非對所有事物都盲目接受，尤其不假思索地服從權威（家長、老師、官員等）。當我們覺得事情不合理的時候，我們應當用我們的常識對事情作出合理的懷疑，而非把一切懷疑到底，否則只會連生活也生活不了。哲學不是要為我們的生活帶來麻煩，而是要為我們帶來更美好和清晰的生活。

人生並不是只有這一刻

為甚麼我說哲學不僅僅是學術上的活動，而是可以應用於生活上，放榜正正是大家透過哲學思考人生的時候。

有很多應屆公開試的同學都苦惱著前途抉擇的問題，尤其是成績未如理想的同學，他們未能入讀心儀學科，也許會很失望。不過也希望大家謹記：「這一刻並不代表一切。」

哲學思考不止是應用於哲學問題上，同樣可以應用於我們的前途上。李天命先生曾於其著作中提出的「思考三式」，這三式的思考方法正好用於我們面對人生的問題上，以下將略為簡介：

1. 釐清式：X 是甚麼意思？
2. 辨理式：X 有甚麼理據？
3. 開拓式：關於 X，有甚麼值得考慮的可能？

我們思考的時候，首要是的釐清定義（釐清式），我們需要將所需思考問題中的關鍵字詞釐清，否則會引起思考混亂而思考出錯誤的結果。現在我們可以先嘗試釐清我們的個人目標，我們「想」做甚麼。當我們釐清「想」做甚麼後，便可以再進一步想我們可以如何達致這個目標。

然後，在選科的時候，我們需要思考選某科的理據（辨理式），我們是為了甚麼而要選擇某一科？選擇這一科是否能夠達到我們的目標？這些理據又是否足以支持當中的決定？

我試舉一個例子，有同學很想成為一個社工，但成績卻未如理想，無法入讀大學的社工系。不過，這便是代表他的人生就此完結嗎？這便是沒有方法再讓他成為社工？

我們可以想想還有沒有其他方法和可能性讓他達致目標（開拓式），原本我們認為以 DSE 的成績入讀大學社工系是成為社工的唯一途徑，但是這個世界的可能性有很多，仍然可以有各種方法讓我們成為一名註冊社工。例如：

方法一：DSE 畢業→入讀大學社工系

方法二：DSE 畢業→入讀高級文憑社工系→入讀大學社工系

方法三：DSE 畢業→於社福界工作→以工作經驗入讀大學社工系

方法四：DSE 畢業→入讀基礎文憑→入讀高級文憑社工系→入讀大學社工系

方法五：……

不止是社工系，其實有很多學系，又或者有很多行業都是這樣，可以有很多不同的方法去達致目標。一句名言「條條大路通羅馬」是沒有錯的，只是你會不會嫌棄一些又長又辛苦的路而不去羅馬，又或者羅馬其實不是自己的最終目的地。

Hea 也可以很美

我曾經讚賞過一位朋友：「你今天穿得很好看！」

「不！我今天很 hea 而已，你的眼睛沒問題吧。」

衣著穿得 hea 則等於醜或不美嗎？不一定。有些人可以很認真地配襯衣著，但卻衣不稱身，也可以穿得很醜。

「Hea」與「美」是沒有衝突的，hea 這個字詞的意義也沒有蘊含「美／醜」。我穿得很 hea 並不等於我穿得很醜。Hea 是一種態度，也可以是一種風格，而「美」是一種審美價值。我們可以用不同的態度和風格來創作出不同程度的美或醜，而兩者並沒有必然關係。

Hea 可以解作「隨意」／「休閒」等這類的狀態或態度，但並不等於「胡亂」處事，任意妄為。有些人很 hea 地配搭衣服（簡單一件白襯衣和短褲）到住所附近吃早餐，但他不會將內褲穿在外面或穿兩隻不同款式的鞋子（刻意配搭作為潮流款式則另當別論）。前者是適當地 hea，但也有合理的配搭；後者的並不是 hea，只是單純地胡亂穿著，已經偏離了合理的範圍。然而，hea 也好，胡亂穿著也好，這些方式的穿著也並不是必然地是醜或美的。因為「胡亂」或「Hea」這兩個字詞並不蘊含「美／醜」的概念。

引用李歐納．科仁的《美學的意義：關於美的十種表現與體驗》，其中一個美學的表現：風格。「風格」是指在感知上（不管是視覺或其他感官）某些特點所成的組合，不同的風格則是由不同特點組成的不同組合。當我們提及到某些風格的時候，我們便能夠自然地聯想到該風格的特點，例如文青風格的打扮、傳統日本風格的建築等。這些「風格」都有其獨點，但這些「風格」本身沒有包含美醜的概念。Hea可以是一種穿著風格，一個人可以穿得很 hea，也可以同時穿得很美。

曾經有一幅很出名的改圖，名人陳冠希身穿白色背心與一名脫髮男子穿白色背心的分別。陳冠希可以很 hea 地穿著一件背心而大家都覺得他穿得很好看。他穿得好看的原因並不是因為他 hea 穿這件衣服，而是因為他本人把這件衣服穿得好看，與他 hea 的態度和風格毫無關係。

當然，我們不能否定有些人必須要認真配搭衣著才能「美」，但是這只代表 hea 這個風格並不適合他，又或者 hea 這個風格配上他這個人無法呈現出「美」，而不是 hea 本身不美。對於另外一些人而言，「Hea」與「美」並沒有一個必然關係。有些人本身具有良好的時尚觸覺和美感，無須花大多心力和時間都可以配搭出適合自己的衣著，可以很hea 地襯出合適自己的衣著，而且很美。也有些人本身得天獨厚，具體優秀的條件，任意穿著不同配搭的衣著也可以展示出「美」的姿態。

有些人認為哲學人經常玩弄文字遊戲，進行一些多餘的思考遊戲。實際上，我們平時過分輕視字詞的分析，導致我們於思考和溝通上出現差異。以上述「Hea 與美」為例，當我們沒有深思當中的字詞意思時，hea 這個概念很容易就讓人將「醜」或「不美」這等概念聯繫起來，甚至認為 hea 必然是一個貶義詞。日常簡單的對話可能是無關痛癢，但是也有可能會因此而對對方的言論引起誤會，甚至得失他人。

再以 hea 這個字詞為例，我跟對方說：「你今天穿得很hea。」對方可能因此而誤會我指他穿得很醜而感到不悅，但我只是形容他今天的衣著風格，卻沒有品評他衣著的美醜。這個簡單的例子反映出字詞意義的釐清很重要，可以減少人與人之間的誤會。

我們可以認為某種風格是不美的，但是該風格的意思本身並不蘊含「美／醜」的概念，所以要小心思考當中的概念，避免混淆風格與美醜的概念。

柏拉圖的洞穴故事

古希臘哲學家柏拉圖在《理想國》中，有一個著名的哲學故事，當中反映柏拉圖的形上學思想，就是「洞穴故事」。不知道大家有沒有聽過這一個故事呢？以下將簡單講述「洞穴故事」，之後會再與大家以不同的角度來分析內容，並且分析這個哲學故事如何不止是探討形上學，更可以應用到生活。

「洞穴故事」

很久以前，所有人都是居住在洞穴裡，他們都是背向一塊大石，手腳都被縛上鐵鍊，頸部也被固定，基本上都無法動彈，只可以直視面前的大牆壁。他們背後的大石上有一堆火，火與人之間有一道矮牆，矮牆後有各種不同的石雕，火光將石雕的影子投射到大牆壁，例如椅子的影子、蘋果的影子、狗的影子等等。這一些影子都是透過大石上的火光，將不同的物件投射出來。洞穴裡的人一生都只是在看這些影子，也不知道影子的原形是甚麼，以為影子已經是「真實」的。其實影子的原形也並非最真實的「原形」（柏拉圖稱為「理型」），「影子的原形」其實是石雕，而石雕也只是參考洞穴外的物件所雕塑而成的模仿品。

有一天，其中一名洞穴居民的束縛消失了，他便嘗試站起來，看看洞穴的環境。當他回頭一看，發現原來一直以為的「真實」都只是雕塑的影子，並不是真的。然後他再看看四周，發現洞穴裡的所有人都受著束縛，看著所謂的「真實」。他閒逛整個洞穴，發現了一條樓梯通往外界，他便慢慢走出洞穴，感受到陽光的照射，看到真正的「蘋果」和其他真正的事物。他明白到洞穴裡的都是虛假的，只有洞穴外的一切才是「真實」。

他走到洞穴外的世界後，便回到洞穴向其他人分享他的所見所聞，更為他們解開束縛，告訴他們洞穴的都是虛假的，外面的一切才是真實。誰不知沒有人相信他的說話，更指罵他是破壞洞穴的和諧、顛覆洞穴的傳統、荼毒居民的思想。最後他們更把這名居民處決。

柏拉圖的老師——蘇格拉底就如上所述的故事主角一樣。他了解到自己的無知，亦明白到日常普遍的知識也不是真實，當中仍有很多值得質疑的地方。他希望與其他居民尋找真理，於是平時到處與他人對話，希望可以透過對話，慢慢地尋找真理。可惜他的直接惹到很多人的不滿，因為他以其獨有的辯證法與他人對話，經常令對方失去面子。他希望先破而後立，破除「自以為是的知識」後，才可以慢慢覓得真理，卻因此而惹來殺身之禍，其中一項罪名便是「荼毒青年」。因為當時有很多年青人也很喜歡看他與其他人對話，更模仿蘇格拉底的辯證法與他人對話，以致城邦內很多人不滿，因為這些對話得罪了不少人，他們心有不甘，遷怒於蘇格拉底，最後更經過民主的投票將蘇格拉底判以死刑。

柏拉圖透過洞穴故事所表達的，是他對這個世界的理解，其中一個是對知識的理解。他認為我們所看到的一切都並不是「真實」的，就像洞穴故事中的「影子」，都是由一些「原形」投射出來，而那些「原形」（即是洞穴故事中的雕塑）都是參照「理型」所製造出來。洞穴外的世界稱為「理型世界」，現實中的一切事物都是參照「理型」所製造，而「理型」才是完美無瑕。就例如我們在現實生活中看見有很多不同的「椅子」，每一張都是不同的，三腳的也是椅子、四腳的也是椅子，有圓的、有方的，這些都是椅子。不過這一切的「椅子」都是參照「理型世界」中的椅子而製造。「理型世界」與現實世界不同，並不存在個別的物體（即不是實實在在存在著一張椅子）。簡單而言，類似一種概念世界。

現實中，可以有無數不同大小的「圓形」，而這些「圓形」都可以被破壞的；理型世界中則只有一個「完美的圓形」，這個「完美的圓形」是永恆存在、永恆不變、不會受損，就如在我們腦中「圓形」這個概念，「概念」是永恆存在、永恆不變、不會受損，不像現實中的物體般會有任何變化。

影子就像我們所接觸的感官世界，而我們很多時候都會認為我們的感官所接收到的資訊都是真實的，但其實感官也會有欺騙我們的時候，就像我們看到一些幻覺、聽到一些聲音但實際上是另一種聲音等。火光與石雕就如我們社會上所建構的觀念，而我們會透過這些觀念去認識所謂的真實（影子）。真正的真實則是源自於洞穴外的世界，那裡才有真實的椅子、真實的石頭和樹木等。

故事中的「太陽」則代表「至善」（The Form of Good），這是一切知識和價值的根源，提供光明讓我們從黑暗中看見，使真實得以被認識。我們要透過「智慧之光」來認識真理，真理則存在於理型世界。日常生活中，我們都會被表象所欺騙，又或者以一些「直覺」來判斷事情，（例如插在水中的筷子看似斷了，但我們透過理性得知筷子實際上沒有斷掉，只是光的折射）從而我們需要透過理性去判斷事實的真實性，並非單靠感官來認識世界。

另外，故事中描述一個人長期處於洞穴的黑暗中，當初出洞穴時，眼睛未能適應猛烈的陽光而感到刺痛，需要時間慢慢適應。就如我們平時都以「直覺」或一些「理所當然」的事來解釋事情，但現在要以「理性」來思考，腦袋自然會感到疲倦而不想思考，而「真理／真相」與我們原來所認知的「知識」有很大出入而難以接受，所以我們也需要時間去慢慢運用我們的理性來重新認識世界。

再以「椅子」作為例子，柏拉圖認為現實生活中我們認知的「椅子」會有偏差，而我們只以感官能力來觀察這張椅子並不準確，因為會因應光暗、遠近、角度而對這張椅子的認知有所不同。不過，如果我們透過「智慧之光」來認識「椅子」，便會理解到一張真正的椅子是如何的（簡單來說：椅子的概念／特性），我們透過理性分析和思考，才可以了解到「椅子的理型」（The Form of Chair）。這個「椅子的理型」是永恆存在、永恆不變、不會受損，柏拉圖亦主張我們需要透過理性來認識世界，當中也強調理性的重要。

柏拉圖的洞穴故事除了帶出柏拉圖的哲學思想外，其中一個重點在於洞穴居民走出洞穴這個行為和態度，正是之前提及的一種哲學態度。我們試想想，我們就好像其他洞穴裡居民一樣，對於日常生活的所有事情，包括由小到大所被灌輸的價值觀、是非觀等，都視之為理所當然，好像洞穴裡的居民看影子一樣。我們甚少會掙扎思考當中的合理性和真實性，而是直接視之為真實，甚至當有人對這些價值提出質疑的時候，我們也會不自覺地敵視對方，以非理性的方式去駁斥，務求保護現有的教條，卻沒有反思過當中的真偽和理據。於洞穴故事中，洞穴中第一個被解放的居民正以哲學的態度，對一些視之為理所當然的事物提出懷疑，試圖尋求真理，走出洞穴。也許洞穴裡的其他居民有可能到最後尋求到所謂的真理也只是牆上的影子，但是起碼他尋求了一個令自己心悅誠服的理據。他不只希望自己盲目「相信」，而是希望自己可以有理有據地「知道」事實的真相。

從結果的角度來看，有些事情無論是盲目相信，還是有理有據地知道，可能也沒有差別，我們可以不用理解為何「1+1=2」，我們只要將 10 的組合牢記著，我們也可以如常運算。然而，我們可以細心思考，當你僅僅是盲目將 1-10

這十個數字符號牢記，總之「1」這個符號加上「＋」這個符號，再加上「3」這個符號，然後再加上「＝」這個符號，必然會得出「4」這個符號。再與另一個情況比較，你能夠理解加數的運作原理，以及數字的概念的時候，再計算「1+3=4」這算式，以及計算其他的加法算式。試代入以上兩個不同的情況，你會甚麼不同的感受？

我們再以一些日常規範來作為例子：

「作為子女，必須孝順父母。」這個規範，我們由小時候已經聽過。久而久之，我們認為「孝順父母」是必須的，甚至認為「不孝順父母」的必定是一個壞人，受盡千夫所指。然而，我們有沒有思考過「『為甚麼』我們要孝順父母」？還是我們只是盲從附和地接受這個教條，從來都沒有深思過當中的理據和原因？「孝順父母」這個規範就如洞穴裡的影子，我們一開始就認為「孝順父母」這個影子是永恆不變的真理，並一直跟從這個影子行事。然而，有些人認為這就是永恆不變的真理，無論任何情況都必須孝順父母，就算父母虐待自己，遺棄自己，也要孝順父母，卻不知道「為甚麼」要孝順父母，終其一生盲目地遵從這個「真理」。他的一生則被這個所謂的真理捆綁著，所有的抉擇都基於「孝順父母」

這個教條，甚至影響到自己的人生抉擇，到最後也不知自己為了甚麼而活。

當我們反思「孝順父母」這個規範時，正如我們在洞穴尋找造成牆上影子的原因。到底是甚麼理據支持我們需要孝順父母？當我們知道當中的理據，並且我們能被這些理據所說服的話，我們便能夠心悅誠服地遵從這個規範，也會知道於甚麼時候或情況才需要遵從這個規範，而不會成為一位愚孝的人。

以曾子的故事為例：

曾子耘瓜，誤斬其根。曾晳怒，建大杖以擊其背，曾子仆地而不知人久之。有頃乃蘇，欣然而起，進於曾晳曰：「嚮也參得罪於大人，大人用力教參，得無疾乎？」退而就房，援琴而歌，欲令曾晳而聞之，知其體康也。孔子聞之而怒，告門弟子曰：「參來，勿內。」曾參自以為無罪，使人請於孔子。子曰：「汝不聞乎？昔瞽瞍有子曰舜，舜之事瞽瞍，欲使之，未嘗不在於側；索而殺之，未嘗可得。小棰則待過，大杖則逃走，故瞽瞍不犯不父之罪，而舜不失烝烝之孝。今參事父，委身以待暴怒，殪而不避，既身死而陷父於不義，其不孝孰大焉！汝非天子之民也，殺天子之民，其罪奚若？」

曾參聞之，曰：「參罪大矣！」遂造孔子而謝過。（《孔子家語・六本》）

「曾子受杖」這個故事正正反映愚孝這個概念，曾子不知「孝」為何事，卻盲目順應父親的一切行為，不管當中的是非對錯，默默地受父親的杖擊，差點重傷。孔子反教訓曾子，斥曾子這是陷父於不義，因為曾父這個行為若錯手殺死了曾子，則為罪人。另外，孔子也提到「孝」的核心精神在於「敬」：

子游問孝。子曰：「今之孝者，是謂能養。至於犬馬，皆能有養；不敬，何以別乎？」（《論語・為政》）

有不少人認為孔子提倡的「孝」都只是聽從父母的旨意，盲目順應，有如曾子這樣便是孝。然而，孔子也非單單提出一些教條讓人盲目遵從，而是當中有其道理。當然，他的道理能夠說服我們，也得靠我們透過自己的理性自行思考；否則，如果我們只是因為「這些道理都是孔子這位聖人說的」便盲目跟從，這與洞穴裡的居民盲目相信影子是真理也是沒有分別的，我們仍然是沒有擺脫洞穴裡的枷鎖。

蘇格拉底的一句名言，「未經審視（反省）的人生不值得過」（The unexamined life is not worth living）。我們於生活上就如在洞穴裡的人一樣，每天都不會反省日常的事情，一切都視為理所當然。就如上所述「孝順父母」這個例子，其實我們日常有很多事情都是這樣，我們不會對這些事情作出反思，並且當作為真理，如同牆上的影子，而且不會嘗試離開山洞。於蘇格拉底而言，這種人生是不值得，因為我們根本不知道自己為何要做某事，所有行為都好像是無意識地進行。假如我們的人生只是盲目過活，不知道自己每個行為和決定到底為了甚麼的話，也不知道自己為著甚麼而活。那麼，我們到底正在建構一個甚麼的人生呢？

蘇格拉底的辯證法

不知道大家有沒有了解過蘇格拉底（Socrates）這個人，他是一位古希臘哲學家，他本人並沒有甚麼著作，他的思想主要由他的學生柏拉圖（Plato）透過對話錄留傳後世。《理想國》描述蘇格拉底提出過不同的思想，例如：甚麼是正義、哲學王的主張等。因為時代差異，所以當中提出的內容和思想有可能會不適用於現代；不過當中有一個重要的技巧必定仍能適用至今——就是蘇格拉底的辯證法（Socratic Method）。蘇格拉底的辯證法是一種以對話的方式來探究真理的方法，當中通過提問和批判性的討論來揭示真理，釐清不同的概念。過程中透過不斷向對方提出一些相關而且合理的問題，從對方的回答中釐清概念。由對方認同觀點後，再加以討論，繼而提出反駁，直至將概念釐清為止。過程中，對話者可能會發現自己的觀點與之前的有所矛盾，從而需要重新審視自己的信念，將錯誤的信念去除，進一步尋找真理。每一次的辯論也不一定會為該概念找到答案，但也會因為辯論而得知，原來自己對某些議題或概念並不認識。

也許有人說這樣對建構知識和學習毫無用處，只會不斷打擊別人原有的知識。沒錯，這樣的確會令人愈來愈無知，因為原有的知識被打破了，導致原本所擁有的知識消失了；

正因為原有的知識被打破，我們才可以清除舊有而錯誤的概念，重新建講一個正確的知識。

以下將簡單把蘇格拉底在《卡爾米德篇》，與克理底亞討論「甚麼是節制？」中的對話重點抽取出來（並非原典節錄），讓大家初步了解蘇格拉底的辯證法。

克：節制是一種有序而平靜（慢）的行為。

蘇：節制是一種值得追求的美德嗎？

克：是的。

蘇：做事快的比做事慢的好嗎？

克：做事快的。

蘇：節制是一種好事嗎？

克：是的。

蘇：節制不可能是慢的，那麼節制是快的比較適合？

克：也許是。

蘇：慢的行為是不好，快的行為才是好事，那麼節制不可能是慢的？

克：對。

蘇：即是節制應該是一種快的東西？

克：也許是吧。

雖然內容大家讀著可能會覺得有點古怪，也不要緊，請大家嘗試理解當時的對話，會因應他們的文化和教育與現今不同，想法也有所不同。不過重點在於留意蘇格拉底的辯證法令對方放棄原有觀點，打破了固有的想法。（對於當時一些小器的人來說，蘇格拉底的辯證法是具冒犯性的。）這樣看似也沒法得知「節制」究竟是甚麼一回事，但最少也令你知道「你原來並不知道甚麼是節制」，才能重新探討甚麼才是「真」的節制。

不少人認為蘇格拉底的辯證法只適用於討論哲學議題，談甚麼是正義之類的話題。其實有些日常想法也可以使用這種方式去尋求真理，又或者進行自我批判，釐清自己是否真的理解某事某物。除了理解事物外，究竟這樣的辯論方式可以如何適用於生活？以下將試以蘇格拉底的辯證法為你擊退可怕情人現今有很多控制慾強、自我中心的情人，他們很多時候都會對另一半有很多限制，定時定候要報告行蹤，甚至禁止他們見自己的朋友等等。當蘇格拉底面對這些可怕情人時，又可以如何以他的辯論技巧把他們擊退？

小瑤：受制的情人　　　豪強：可怕情人

豪強經常強調自己很愛小瑤，並且是為了小瑤好而要求她去做甚麼甚麼，也會限制她甚麼甚麼。小瑤每次也被豪強以「因為愛」而怎樣怎樣做的原因，令她難以反駁。有一天，她閱讀完《理想國》後，猶如蘇格拉底上身，令豪強落荒而逃。

小瑤：豪強，我們談談有關愛情的問題好嗎？

豪強：好。

小瑤：你覺得愛情最重要的元素是甚麼？

豪強：愛，愛情不能沒有愛。

小瑤：即是一段愛情關係中，必須要雙方也愛著對方？

豪強：對，不可能單方面，必須是雙向的。

小瑤：那麼你認同愛一個人是會想愛惜對方嗎？

豪強：認同。

小瑤：愛惜對方即是不會想對方受傷嗎？

豪強：絕對不會。

小瑤：你認同愛一個人是希望對方快樂嗎？

豪強：認同。

小瑤：你認為受限制還是有自由會比較快樂？

豪強：當然是自由吧。

小瑤：即是受限制的是不會快樂？

豪強：對。

小瑤：另外，你覺得一件事對某人來說是好是壞，應該由那個人自己判斷和感受，還是由其他人去判斷？

豪強：我覺得是由自己去判斷，其他人最多只是提出意見。

小瑤：即是一件事對你來說是不好，其他人也有可能覺得是好？

豪強：是。

小瑤：即是也有可能有一件事對你來說是好，對他人來說是不好？

豪強：對呀。

小瑤：如果被要求做一件自己認為不好的事，這會是快樂還是不快樂？

豪強：不快樂。

小瑤：那麼我們分手吧。

豪強：為甚麼？為甚麼突然提出分手？

小瑤：根據剛才的討論，證明你根本不愛我，而且單向的愛情也不存在的，我們分手吧。

豪強：你說甚麼？你有病嗎？

小瑤：首先，一開始你認同單向的愛情是不可能的，之後你亦認同愛情是必經要愛惜對方、讓對方快樂，而你沒有一件是做得到的，從而反映你從來都不愛我。整段關係只有我一人去愛，還有意思嗎？

豪強：甚麼？甚麼不愛呀？我為你付出了這麼多，也是不愛？

小瑤：我並沒有冤枉你，一切都是由你自己親口承認的。

豪強：我哪有？

小瑤：剛才的討論中，你認同愛一個人是希望對方快樂，而自由才會有快樂，而限制是不快樂的。你對我提出很多限制，又不容許我與他人聯絡，這樣我並不快樂。既然你只會讓我不快樂，即是你不愛我吧。還有，你對我限制和要求定時定候的報告，讓我的心理上承受很大的壓力，造成無形的傷害。剛剛你也認同愛一個人是不會令對方受傷，而你卻不斷令我受傷，這樣是愛我嗎？

豪強：你很可笑，用這些古怪的說話來怪我，我都是為你好才這樣做。

小瑤：從剛剛的對話中，你曾表示過「一件事的好壞是由那個接受事件的人來判斷」，那麼即是你覺得好，不代表我覺得好，更何況我真的是覺得不好。而你也認同被迫做自己認為不好的事是不快樂的。即是你一直在迫我做我覺得不好的事，你根本是不想我快樂，這樣還叫做愛我嗎？你既令我受傷害，又令我不快樂，這一切都代表你不愛我。既然這段愛情都有我一個人去愛對方，倒不如分手吧。

豪強：你這個臭婆娘，不可理喻，你最好快走，不要讓我再見到你。

小瑤：好，最好不要再見。

從上述的對話當中，小瑤成功令豪強無言以對，證明豪強根本不知道甚麼叫愛，只是他一廂情願地以為自己知道。假如豪強有足夠的反思能力的話，他應該要從這次對話中反思「甚麼是愛」，並且要知道自己的問題，否則他也只會不斷犯錯。（現實中的豪強只會覺得蘇格拉底上身的小瑤是不可理喻的。）

由此可見，蘇格拉底的辯證法不止是可用於哲學問題上，甚至愛情上也可以。日常生活中，就算不是親口進行辯論，作為自我批判也是一個值得參考的方法。我們可以對一些日常我們認為是理所當然的想法，試試用這種方法進行批判，也許會得到意想不到的效果。

我們再以蘇格拉底的辯證法探討「甚麼是愛一個人？」。

小君的丈夫豪強經常以「因為愛她，才會……」這種理由來合理化自己的行為，但往往豪強的行為都令小君感到很不舒適，甚至在相處上感到很大壓力，小君卻無法反駁豪強「愛的理由」。因為豪強自稱是一個講道理的人，只要有道理，他一定會聽，無奈小君卻不知可以如何與他「講道理」，好像所有道理都在豪強上。蘇格拉底最出名的是透過對話尋找真理，某程度上也是一個喜歡講道理的人。因此，她向蘇格拉底求助。蘇格拉底為了幫助小君，所以與豪強「講道理」，以下是他們的對話：

蘇格拉底：豪強，甚麼是「愛一個人」？

豪強：「愛一個人」即是為所愛的人帶來好的生活。

蘇格拉底：如何才是帶來好的生活？

豪強：只要賺到很多錢，便可以帶來好的生活。

蘇格拉底：如果賺到很多錢，但對方對生活感到不舒服，甚至難受，這樣會否也是好的生活？

豪強：不是。

蘇格拉底：為甚麼？你不是說「只要賺到很多錢」便可以帶來好的生活嗎？

豪強：如果只是賺到很多錢，但生活不舒適，這不會是好的生活。賺錢的目的是為了生活舒適，才會帶來好的生活。

蘇格拉底：所以「賺到很多錢」只是為了達成「生活舒適」的工具？

豪強：對。

蘇格拉底：而終極目的是為了「生活舒適」？

豪強：沒錯。

蘇格拉底：我可否這樣理解，愛一個人是為了令對方生活舒適，而不是令對方難受？

豪強：可以。

蘇格拉底：進一步再問，一個人的生活舒適與否應該由誰來判斷？

豪強：應該由享受生活的對象來判斷。

蘇格拉底：我可不可以為你判斷你的生活舒適程度？

豪強：應該不可以。

蘇格拉底：如果我覺得做奴隸的生活適合你，你一定會覺得舒適，但是你卻不覺得，甚至覺得痛苦，那麼奴隸生活對你是一種舒適，還是不舒適的生活？

豪強：當然是不舒適！怎可能你覺得舒適，而我覺得不舒適也會是一種舒適的生活呢。

蘇格拉底：我們回到第一個問題。根據以上討論，我可否這樣理解，愛一個人是為了令她生活舒適，而生活的舒適度則由她來判斷，所以愛一個人，則應該要提供對方所想的生活。

豪強：可以，正是。

蘇格拉底：那麼，你應該要知道如何對待你的妻子。

豪強：……

蘇格拉底甚少為問題提出答案，反而是以提問的方式引導對方就著相關議題作出思考，到最後有可能會推翻一直以來誤信的信念。尋找真理固然重要，但釐清我們一些固有的錯誤信念也非常重要。也許我們對一些事情沒有概念，也比我們持有錯誤信念而不自知更為重要。日常有不少觀念我們都自以為對相關觀念非常認識，平常我們都甚少思考，例如「公平」、「愛」、「正義」等。我們會大條道理地引用這些字詞作為理據，但我們真的認識這些字詞的意義嗎？還是我們都只是對當中的字詞一知半解，甚至是一種誤解？蘇格拉底的辯證方式可以為我們進一步思考日常觀念，一步一步地釐清當中的觀念。縱使未必能夠尋找到一個正確的觀念，但至少可以讓我們知道甚麼是錯誤的觀念。

既苦且甜的愛情

Chapter 2 |

既苦且甜的愛情

甚麼是「愛」？

曾經有不少人都會疑惑：如何用哲學來探討愛情，這一章我們便試一試從哲學的角度來討論「愛情」這一個議題。

當我們探討不同議題前，必須先釐清當中的重點，才可以在對相關議題進入深入的探討。愛情的關鍵字——「愛」，正是這個議題上首要思考的重點。

首先，甚麼是「愛」？

「愛」這個字已有很多歧義，我們可以看看以下例句中的「愛」有甚麼區別？

1. 我「愛」吃雪糕。
2. 我「愛」一部 iPhone。
3. 我「愛」父母。
4. 我「愛」旺財（狗）。
5. 我「愛」你（伴侶）。

以上這五個「愛」有甚麼不同？或者我們可以再思考：「愛」還有甚麼其他含義？

在思考「愛」的歧義時，我們可以進一步探討以下問題：

不同的「愛」能夠互相替換嗎？

例如：我們能將「愛」一部 iPhone 的「愛」，應用到「愛」伴侶的「愛」上嗎？

接著再思考：當我們強調自己「愛」一個人時，究竟是甚麼意思？

每個人對愛的定義也不同，甚至將範圍縮小至愛情中的「愛」，理解也有所差異。有些人認為愛情中的「愛」必須要具有擁有對方的欲望，才稱之為愛；但有些人認為這並不必要，他們認為愛情中的「愛」只要對方幸福快樂便已經足夠。因此，當我們說「愛」一個人時，究竟是甚麼意思？我們自己可能也不太清楚。

當然，愛一個人必先從情感上出發——我們會渴望與所愛的人有更多的交流和接觸、會因為見到對方而心如鹿撞，也會因為對方對自己的評價而情緒有所波動等等。愛可以是一個很純粹的情感。然而，這純粹的情感只是愛情的起始，這也是一種「愛」，但仍未發展成愛情中更深層的「愛」。

甚麼是「愛情中發展出的『愛』」？

我們可以問自己：當我們對愛人說「我愛你」的時候，當中的「愛」是甚麼意思？然後再假設一個情境：我們是因為「愛」對方而做了一個行為（例如慶祝生日或預備驚喜），這個情況下的「愛」又代表甚麼？這些問題的答案或許片面，但也可以讓我們初步思考自己於愛情上的愛是一種怎樣的愛，又或者可以從中反思自己希望獲得一段怎樣的愛情。

愛的偏差

不同的「愛」具有不同的意義。然而，如果一對情侶對「愛」的理解不同，便可能導致愛的偏差，甚至使關係破裂。以家明與瑤瑤的故事為例：

瑤瑤：家明，我明天要與我的朋友聚會，不回來吃飯。

家明：不可以！

瑤瑤：為甚麼？

家明：我說不可以便不可以，你與朋友聚會，不就少了時間陪我嗎？

瑤瑤：我已經每一天都與你吃晚飯，只是一天與朋友吃飯也不可以？

家明：我們平時要上班，又不是同居，已經很少時間見面，吃少一晚也已經很多。

瑤瑤：我已經「每一晚」都與你吃飯，我還有甚麼時間可以與朋友聚會？

家明：我愛你才會這樣想經常見你，你看我會與其他女子吃飯嗎？

瑤瑤：我也有自己的私人生活，之前你要與朋友聚會，你要求我不要打擾你，我也沒有打擾你，因為你與朋友相處快樂，我也感到快樂。

家明：我與朋友聚會很正常吧，我也沒有說不讓你與朋友聚會，但可以不剝削我與你相處的時間嗎？你等我要加班才去可以嗎？

瑤瑤：即是我要完全遷就你？你不需要我的時候，我才可以約朋友？

家明：這不是遷就，這是愛，我愛你才會這樣，你是我的，不是嗎？

瑤瑤：不！這不是愛，你只是單純想佔有我！

家明：不！這是愛，愛就是會想佔有對方！

瑤瑤：你蠻不講理，臭禿子！

家明：你不是因為我禿頭而愛我嗎？

瑤瑤：……

家明與瑤瑤的關係出現了甚麼問題？這正是他們二人對「愛」這個字的定義有所不同，而導致出現了「愛」的偏差。

瑤瑤認為「愛」是要尊重對方，希望對方快樂，自己也因此快樂。她希望家明尊重她的個人生活，即使二人是一對情侶，但各人仍應有屬於自己的私人空間。

家明則認為「愛」是要佔有對方，希望對方成為自己的一部分，儘可能將所有時間給自己，甚至要聽從自己的說話。

這種情況就像兩人在辯論比賽中，雙方對論題的理解不同，導致辯論無法順利進行。在家明和瑤瑤的角度，二人分別都覺得對方「不愛自己」，因為彼此對「愛」的定義不同，「愛」對他們的意義也不同，因此出現了「愛」的偏差。這個偏差亦會導致一段關係的破裂，二人所追求的「愛」根本上不同，也無法提供對方所想的「愛」，最終二人也因此而分手。

「我愛你」與「你愛我」的差異

思考「愛」的定義時，需區分「我愛你」和「你愛我」中「愛」的意義：

「我愛你」的「愛」：從「我」出發，指「我」如何去愛一個人。

「你愛我」的「愛」：從「我」作為客體的角度，指「我」希望如何被愛。

這兩者可以相同，也可以不同。以瑤瑤和家明為例：

瑤瑤心中的「我愛你」和「你愛我」的「愛」是一致的：她愛一個人時，希望對方快樂並尊重其空間；她也希望被同樣的方式愛。

家明心中的「我愛你」和「你愛我」的「愛」卻是不同：他愛一個人的時候，希望自己可以獨佔這個人，更希望可以有很多時間與對方相處。不過，他希望「愛」他的人卻要尊重他的個人生活，當他需要與朋友相聚的時候，對方則不要打擾他。

並不是每個人對「我愛你」和「你愛我」當中「愛」也是相同理解，這種差異並不代表這個人是「雙重標準」或他永遠也找不到「愛情」。這一個情況就像砌拼圖一樣，每一塊拼圖也不同，這一塊拼圖不合適，也會有另一塊拼圖可以拼上。每個人對愛的理解不同，需要找到契合的另一半。例如，如果家明遇到一個女孩，她「我愛你」的方式是尊重對方（家明），而「你愛我」的方式是希望被（家明）佔有。這時候，家明也能夠找到與他匹配的愛情。

許多人在愛情路上遇到了挫折，很多時候都是遇到自己愛的人，但對方卻不愛自己。有時候可能會因為二人愛的「偏差」而令到我們認定對方也許真的不愛自己，也有可能是對方愛自己的方式與自己心中期望的有所出入。雖然愛情是浪漫的，並不應該有太多理性的計算，但有時候也需要理性適度的輔助，了解自己所「想」的是甚麼，釐清自己想要的「愛」，從而尋找屬於自己的愛情。

愛你還是僅愛他自己

「愛的偏差」不僅會破壞關係，還可能讓人陷入自我欺騙，對自己造成傷害。有時候我們會用「他其實是愛我的」來合理化對方的行為和態度。愛情容易讓人盲目，有時我們難以將「愛」分得清楚，曾經有一位朋友因為認為對方是「愛她」而令她維持一段痛苦的關係。

我們可以試從例子分析以下這個人是愛對方，還是愛自己？

情境：家明在瑤瑤生日時，特地為她準備驚喜，大清早便煮了一份早餐給瑤瑤。

問題：家明的行為是出於「愛瑤瑤」，還是「愛自己」？

我們再看看事情的後續，瑤瑤昨晚因為工作到很夜，所以非常疲累，希望可以多睡一會。瑤瑤不希望浪費家明的一份心意，所以也起床吃早餐。不過瑤瑤真的太累了，她沒有太大反應，只是說聲謝謝便繼續吃。接著，根據瑤瑤的反應，家明有兩種回應方式：

1.

家明：瑤瑤，你不開心嗎？早餐不合胃口？

瑤瑤：不是，只是我太累了，浪費了你的心意，對不起。

家明：不不不，是我不好，是我太大意了，一心只顧給你驚喜卻忘記你昨晚很夜才休息。快點吃完再去休息吧，今天是你的生日，最重要是你過得快樂。

瑤瑤：謝謝你，不愧是我最愛的禿頭。

2.

家明：瑤瑤，你這是甚麼態度？很難吃嗎？

瑤瑤：不是，只是我太累了，浪費了你的心意，對不起。

家明：算吧，既然你這麼累，不要吃吧，睡吧！

瑤瑤：對不起，昨天工作太夜，我真的很累。

家明：不用解釋，你累便是最好的藉口，反正我的心意沒價值。

瑤瑤：對不起。

家明：不用再說了，我做的都是為了你快樂，既然你不領情就算了。我以後也不會再做。

從以上家明的兩個不同反應中，大家覺得家明煮這一份做餐是為了甚麼？是因為「愛瑤瑤」，還是「愛自己」而做？

從這兩種反應可以看出：

- 版本一的家明真正為瑤瑤著想，是「愛瑤瑤」。
- 版本二的家明只在意自己的付出是否被感激，是「愛自己」。

這提醒我們：真正的愛應以對方的需求為中心，而非只是自我滿足。

「愛物」與「愛人」

在一段關係中，我們除了要「愛對方」之外，也要懂得「愛自己」，尋找一段平等的愛情。當中的「平等」並非計算彼此付出多少，又或者要將「愛」量化，而是尋找一段雙方都以「愛人」的心態對待彼此，而非「愛物」的心態。我們可以一起看看以下的例子：

我們購買一部新的 iPhone 時，起初總是愛不釋手，又會買各種保護貼和機殼來保護它，平時會小心輕放這部新 iPhone，使用時也會小心翼翼。回家後，我們會經常把玩這部 iPhone，會下載各種 APP 來體驗。然而，過了一段日子，我們不再如最初般珍惜這部手機，甚至隨手放置，任其摔落地面。隨著手機功能衰退，我們會嫌它網速慢，看影片時未能盡興，打機時偶爾彈 APP 等問題也會令到我們心情煩躁，甚至有將電話丟棄的念頭。

這種對 iPhone 的「愛」，本質上只是「愛物的愛」。

再來看看家明與瑤瑤的例子：

瑤瑤和家明是一對情侶，儘管瑤瑤不斷受到家明的傷害，她仍堅稱家明愛她，因此不願放棄這段關係。那麼，家明是如何「愛」瑤瑤的呢？

瑤瑤與家明兩人剛交往時，家明對瑤瑤呵護備至，每天渴望與瑤瑤見面，又會為瑤瑤準備晚餐，甚至每天到她的公司樓下接她放工。隨著時間的推移，家明對瑤瑤的態度開始逐漸轉變，不再如以往般有耐性。瑤瑤有時候因加班疲憊而表現冷淡，家明便會厲聲指責，怪責她的態度為何如此冷淡。有時候家明問瑤瑤的「意見」時，如果瑤瑤的對答不如家明的心意，他更會辱罵她「愚蠢無用」。只要不順家明心意，瑤瑤就成了他的出氣袋。這個情況與「我們也會嫌網速慢，看影片未能盡興，打機時偶爾彈 APP，令到我們心情煩躁」有何區別？然而，瑤瑤仍認為家明是「愛」她的。

大家覺得家明對瑤瑤的「愛」，與我們對 iPhone 的「愛」有何不同？

康德倫理學中，其中一個要點是「我們不能把人僅當作工具」，否則行為則被視為不道德。意即，除了我們在對方身上得到我們所需之外，也要把對方視為「人」般尊重和對待。例如我們看醫生的時候，不能只當對方是我們的「治病工具」，隨便呼喝，而應尊重其為「人」的價值來尊重和對待。

家明在「愛」瑤瑤的過程中，實則與「愛物」無異。最初吸引家明的，或許只是瑤瑤的外在條件，這種「愛」也可能只是愛物的愛，就如我們在店舖裡見到一雙很型格的波鞋、一部最新規格的 iPhone 等，我們都會很想擁有它。當瑤瑤滿足家明的需求時，他便「愛惜」她。一旦瑤瑤未能符合期望，家明便肆意發洩情緒，事後不僅毫無反省，還將責任全推給瑤瑤，說成是因瑤瑤的行為而導致他大發脾氣，錯不在他。顯然，家明僅將瑤瑤視為取悅自己的「人形工具」，若工具失能，便嫌棄甚至傷害它。

這裡也牽涉到另一個概念——「有條件的愛」與「無條件的愛」。我們常常認為愛情是一種無條件的愛（並非指縱容伴侶胡作非為的盲目之愛，無條件地接受伴侶的一切好與壞的那種「無條件」），這種「無條件的愛」是指一種在我們難以察覺和難以言喻的條件下愛上一個人，換句話說，我們難以明確地回答「你為甚麼愛他？」這個問題。我們通常都很難列舉出最重點的條件和特質，即使試圖列舉理由，往往發現其中某些條件即使不存在，當中的愛仍不減。然而，家明對瑤瑤的愛則是一種「有條件的愛」，如同我們愛物的愛：一旦當中的條件消失了，就如我們愛一部 iPhone 其中一個條件是它的網速很快，內置軟件能夠支持最新的 APP，但當這兩項條件都滿足不了的話，我們便會想換再新一代的 iPhone。家明最初或因瑤瑤的美貌或言行而「愛」她，但當每一項的條件消失，又或者家明要求更多原本瑤瑤沒有的條件，家明對瑤瑤這份「愛」便轉為厭棄。

真正的平等之愛，是雙方皆以「愛人」之心相待，以無條件的愛來建立一段愛情關係；而非一方以「愛人」之心付出，另一方卻以「愛物」之心索取，要求對方滿足自己所想的條件。愛情中，雙方皆為主體，應彼此尊重，而非僅將對方視為填補空虛的工具。

擇偶條件是愛的必要條件？

上一篇曾提及「有條件的愛」和「無條件的愛」，有不少人認為現在的伴侶都是與他們心目中的擇偶條件不相符。那麼，擇偶條件仍然是愛情的必要條件嗎？

開始探討以上問題前，先說明有關「充分條件」與「必要條件」的概念。

簡單來說：

A 是 B 的充分條件。意思是若 A 存在，B 必定會存在（不會出現 A 存在而 B 不存在的情況）；不過 A 不存在，B 仍可能會存在。

B 是 A 的必要條件。意思即是不可能 B 不存在而 A 存在（若 B 不存在，A 也不可能存在）；換言之，如果想 A 存在，則需要有 B 的存在。

上述的「AABB」的概念很抽象，現在以「檸檬茶」為例加以說明：

「如果檸檬茶出現，則檸檬出現。」

「檸檬茶」是「檸檬」的充分條件，意思是「當檸檬茶出現的時候，檸檬也一定會出現」，即是說，「檸檬茶出現」這件事情有充分的理由去證明「檸檬」也會出現。在這一個證明上，我們可以用一個基本推論——肯定前項的推論。

我們先把句式寫成「如果檸檬茶出現，則檸檬出現。」前項即是「檸檬茶出現」，而後項是「檸檬出現」。肯定前項即是「檸檬茶出現」是真的。以下將作簡單論證：

1. 如果檸檬茶出現，則檸檬出現。
   （前項）　　　　（後項）
2. 現在，檸檬茶出現；
3. 所以，檸檬出現。

反過來說，「檸檬茶」並非「檸檬」的必要條件，因為就算「檸檬茶」不出現，也不會影響到「檸檬」的出現。即是說，「檸檬」可以自己存在，又或者配以其他飲品出現（例如檸檬水、凍檸樂等等）。對於「檸檬」來說，「檸檬茶」並不是必要的。然而，「檸檬」卻是「檸檬茶」的必要條件，因為對於「檸檬茶」來說，「檸檬」是必要的。如果沒有「檸檬」，「檸檬茶」不再是「檸檬茶」，就只是一杯普通的茶。在這一部分，也牽涉到另一項基本推論——否定後項。否定後項的存在，亦即是說「檸檬出現」是假的。以下將作簡單論證：

1. 如果檸檬茶出現，則檸檬出現。
   （前項）　　　　（後項）
2. 現在，檸檬不出現；
3. 所以，檸檬茶也不會出現。

這裡再重申「充分條件」和「必要條件」的分別。

「充分條件」：有充分理由證明某件事成立，但並非不可或缺。

「必要條件」：對於一件事情來說，這是必要的，若缺少此條件，該事件必定無法成立。

再舉一個簡單例子：假設我住在旺角，現在我要前往港島區。以往我一定會乘搭港鐵，現在卻因為一些原因令我不再乘搭港鐵，這是否代表我無法前往港島區？乘搭港鐵並非前往港島的「必要條件」，它只是其中一個「充分條件」讓我可以過港島區。我也可以乘搭渡輪或巴士過港島區，不必局限於港鐵。這種思考能幫助我們發現更多可能性，避免自我設限。

現在我們可以看看「擇偶條件是愛的必要條件」標準化的句式。（標準化：將句式寫為「如果……，則……」）

「如果你的伴侶和你建立愛情關係，則他滿足到你的擇偶條件。」

假如「擇偶條件」是「愛」的必要條件，即是不能滿足「擇偶條件」的，必定不可能成為你的伴侶並且建立愛情關係。大家認同這句說話嗎？

「愛情」一詞的其中一個重點在於「情」。當我們想與某人發展關係時，首要條件是我們必須與他或她「動情」。有時候我們對一個人「動情」的時候，並不會考慮到我們心目中的「擇偶條件」。我們的動情對象也未必符合我們的「擇偶條件」。整個過程中，我們也許會與這個人發展一段很長的關係，甚至會成為對方的終生伴侶。在這個情況下，大家便會發現我們心目中的「擇偶條件」並不是「愛情」的必要條件。

既然我們心目中的擇偶條件並不是「愛情」的必要條件，那麼又是甚麼一回事？「擇偶條件」是會增加我們對其他人動情的機會，例如小明的擇偶條件是擁有億萬財富、外貌動人的女孩，當小明遇到一個有這種條件的人，他便會相對容易對這個女孩動情，但並不是「必定」會對這個女孩動情。有時候，我們也會遇過與「擇偶條件」相符的人，但卻不會對這個人動情。

為甚麼我要探討「擇偶條件」呢？因為有些朋友非常執著於「擇偶條件」，並且認為「擇偶條件」是「愛情」的必要條件，即是不符合「擇偶條件」的人，不可能與他建立「愛情」，就算動了情也是如此。大家可以看看以下故事：

瑤瑤終於與家明分手了，她亦很快便再次墜入愛河，與占士發展關係。占士擁有濃密的頭髮、圓潤的身材、體貼又大方。瑤瑤很愛占士，但她卻向占士提出分手。

瑤瑤：占士，對不起，我們分手吧！

占士：為甚麼？瑤瑤，我有甚麼不好，我改吧。

瑤瑤：不，改不了，雖然我很愛你，但你不是禿頭，並不符合我的擇偶條件。

占士：甚麼？既然愛我，那還管甚麼擇偶條件？

瑤瑤：不，擇偶條件是非常重要。

占士：對不起，我滿足不了你。

過了一些日子，瑤瑤又墜入愛河，與丹尼愛得要生要死，而丹尼的禿頭是可以與家明爭一日之長短。不過，有一天，瑤瑤遇到一個比丹尼的髮線更後的人，她便覺得這個人比丹尼更好。

如果我們執著於「擇偶條件」，好像瑤瑤一樣，漠視自己對占士的感情，強行離去；這一種條件也只會令人無止境地追求，只會不斷出現另一個更好更優秀的對象。瑤瑤已經與丹尼一起，但發現某某於條件上比丹尼更好，她便再向某某投懷送抱，拋棄丹尼。假如一個人的「擇偶條件」是「富有」，但「富有」的人總會有另一個人比他「富有」，當你遇到一個有「千萬身家」的人，你會覺得很好，但再遇到一個有「過億身家」的人，你便會覺得原來的也比不上他人，希望可以與「過億身家」的人一起。再之後又有一個擁有「億萬身家」的人，你又會覺得「億萬身家」的人更好，又再追求這個人。這樣只會無止境地追求，永遠也找不到一個合適的人。這樣的話，你是愛「他」，還是愛「他的條件」？

有一些擇偶條件可以無止境地追求，可以有一個比一個更好，例如物質、外表等。當然有一些關於內在性格的條件卻無法忽視，例如我們其中一項的擇偶條件是希望伴侶可以尊敬父母，如果他對你的父母和自己的父母都不尊重，更以粗言對待，這一些我相信是很難單憑「愛」便可以接受得到。

擇偶條件也許是愛情的充分條件，但不是愛情的必要條件。愛情就好像砌拼圖一樣，我們是尋找一塊適合自己的拼圖，而不是找一塊所謂好而不適合自己的拼圖。擇偶條件可能是我們希望想得到的條件，但未必是適合我們的條件。「適合」自己往往都比所謂條件上的「好」更好。愛情上，我們不要忘記愛情的重要因素是在於「情」，而非「條件」。沒有「情」的愛，會是你所追求的愛情嗎？

打者愛也，你願意被打嗎？

「我打你，是因為我愛你。」

如果你的伴侶打你之後，用上述說話來解釋他的行為，你能夠接受嗎？

面對自己重視的人時，我們往往不自覺地受到對方的這一些言辭「說服」了，無形中因「愛」這一個字而令我們理性盡失。我們也會不自覺地以這種方式來說服自己，「其實他都是愛我才這樣做」，但是我們往往也忘記這種「愛」究竟是甚麼？這種「愛」還是我們原本所渴望的嗎？

這個範疇牽涉到一個著名的理論——情緒勒索。勒索者往往利用受害者對他的重視，從而提出各種不合理的要求，而受害者不自覺地被牽著鼻子走。

家明與瑤瑤的關係便是勒索者和受害者的關係。瑤瑤在這段關係中覺得很辛苦，所以便向朋友傾訴：

瑤瑤：我覺得與家明的相處出現問題，他的脾氣很大，一不合意便罵我，甚至打我。

朋友：為甚麼相處得如此惡劣，你仍然要繼續這段關係？

瑤瑤：我覺得他仍然是愛我的，只是他過往的經歷，讓他有這種脾氣。而且也是我不對的，是我不夠體貼，我也有責任的。

朋友：但是他的一切行徑也很不合理，難道仍要為他找原因來合理化他的行為？

瑤瑤：不，他也說得對，其實我應該要清楚他的需要。我自己本身是一位社工，應該要有足夠的同理心去對待他。他也曾經罵過我「憑甚麼做社工會這樣對待我？對中心小朋友便有耐性，對我則沒有！」

朋友：家明是不是有病？你又是不是有病？你和他的身分是情侶，不是案主和社工的關係，難道你想和他建立一段案主和社工的關係嗎？不要忘記你自己也是一個人，不可能無時無刻都以社工的態度去處理所有事情。

瑤瑤：我覺得既然我愛他，我便要與他一起渡過這段日子，我相信他會改變的，因為他也是愛我的。他也曾經為我煮早餐。

朋友：你不要再瘋吧，還提那一次的早餐！你忘記因為你的反應令他又大發脾氣嗎？那一次早餐還算是為你而煮？他為的只是想從你的反應中獲得滿足感。當你滿足不了他的時候，不又是向你發脾氣嗎？還說甚麼因為「愛」你而做。你就是被這個「愛」字困住。

瑤瑤：但是，我覺得他真的是愛我，只是相處上仍要磨合。

朋友：你不要再因為他說他「愛」你便無限地屈服吧，他不斷貶低你的價值，用所謂的「愛」來勒索你。不如你想清楚他所謂的「愛」究竟是甚麼意思，才去不斷用「他愛你」來催眠自己吧！

以上的例子是簡單地模擬「情緒勒索」的情境，瑤瑤是一個對愛情投入和在乎他人感受的人，這類人很容易墜進「情緒勒索」的陷阱，他們會因為「愛」這個字而不斷地付出和受傷。為「愛」付出是沒有問題的，但是我們有沒有想清楚我們所想的「愛」是甚麼意思？我們很多時候都只是單單被「愛」這個字而矇蔽我們的思考，卻沒有認真思考過這個「愛」是否我們所追求的「愛」。就好像我們去買食物，只是單純看到包裝上寫了一個「雞肉」便付款，但沒有看清楚這個「雞肉」是否我們想要的「雞肉」，最後付款後才發現並不是我們想要的「雞肉」，卻購買了一份「雞肉（寵物食品）」。那麼，我們仍要堅持要進食這一份買錯的雞肉嗎？

愛情雖然不可能以理性作主導，但是也不能缺乏理性的支援。很多時候我們單純地從情感出發，往往令到自己或別人受到傷害。我們經常都因為一個「愛」字便合理化很多不合理的事情，包括勒索者和受害者。當我們在思考中釐清「愛」的概念，最起碼我們知道自己所追求的是一種甚麼的「愛」，而不是單憑一個「愛」字而不斷受傷。

最後，大家可以思考「打者愛也」中的「愛」是否自己所追求的「愛」。你以「愛」之名去為你伴侶做的一切，以及你的伴侶以「愛」之名去為你做的一切，是否真的是「愛」？

愛情的對與錯

不知道大家覺得「愛情」有沒有分對錯呢？我們可以又看看瑤瑤的故事。

瑤瑤與家明分手之後，很快便與占士墜入愛河。過了一年後，瑤瑤對占士的愛淡化，卻對同班同學丹尼動情。以下有兩個不同的情境發生：

1. 瑤瑤仍然與占士保持情侶關係，她怕占士傷心而遲遲不敢提出分手。不過瑤瑤卻心繫丹尼，更主動向丹尼示好，慢慢便與丹尼開展關係。

2. 瑤瑤覺得不能夠再拖下去，於是向占士提出分手，結束二人的情侶關係。之後瑤瑤開始主動向丹尼示好，而丹尼也對她動情，二人便正式開展新一段戀情。

大家會如何看待上述的情況？哪一件是錯的？哪一件是對的？還是兩件都是錯的？

我相信大部分的朋友都會認為（1）是錯的，而（2）是對的。當中主要是瑤瑤「處理關係的方法」，而不是針對「她仍與占士一起時對丹尼動情」這一部分。我們評論「愛情」

時，其實很多時候都是針對「處理方法」的對錯，而不是「愛情」本身的對錯。

有些朋友會跟我傾訴，他們會很自責自己為甚麼在有伴侶時，仍對其他人動情。其實我們很難去令自己對一個人動情或阻止自己對他人動情，當我們不幸地對向一個不應該的人動情，並不是我們的錯（當然也不是對，因為當中沒對錯），但是我們會如何處理這份感情則有分對錯。就好像瑤瑤的例子，她不知為何會對丹尼動情，這一部分她沒有錯（我們不能夠對一個自己不能控制的行為加上道德判斷）。不過在（1）的情境中，瑤瑤的手法則可以判斷當中的對錯。在（1），瑤瑤坐享二人，有違現時社會對愛情關係的普遍價值（情侶關係只限於一對一），我們可以判斷為「錯」或「不道德」；在（2），瑤瑤先妥善處理與占士的關係，才再與丹尼發展，其實當中問題不大，甚至是沒有問題，我們也傾向判斷這個行為是沒有問題的。

從中我們得知，其實我們通常都是判斷「行為」的對錯，而不是「愛情」的對錯。在非人可控制的因素中，我們不應該妄加道德判斷。心靈上也許會在無法控制的情況下出軌，而這並不代表你犯了錯，但是你處理這顆出軌心靈的方法，便會有對錯之分。因為如何處理這段關係和情感是基於你的個人選擇，這個選擇是出於你個人的動機和想法。即是說，你本人是具有自主性去決定選擇「一腳踏兩船」，還是忍痛終止一段關係再開展另一段。當一個行為是出自於你個人的選擇時，這個行為則具有道德價值，從而可以判斷這個行為是對或錯，以及批評這個人是好是壞。然而，「動情」這部分卻無法控制，我們自己也不知道自己何時何地、如何、為何會對某人動情。無法控制的部分我們無法以道德判斷來批評，就如有一位司機駕駛著一輛失靈的車而引發交通意外，因為他自己也沒辦法控制，我們也不會於道德上批評這位司機。

假如在上述情況，你會選擇情況（1），還是情況（2）來處理？還是有第三種的處理方式？

當我們要批評他人或自己的愛情時，也需要考慮到這一種的「對錯」想法，以免在將來的愛情上判斷錯誤。

因此，有些人曾經說過「愛情是沒有對錯，但是處理愛情的方法則有分對錯。」當我們思考自己和他人的愛情時，也要仔細地想清楚，以免下錯判斷，令自己錯失了一段天賜良緣。

你懂得甚麼是「愛」嗎？

我們也曾經聽過有人指責某人「你不懂得愛人！」當中所強調的是他不懂得「愛人的方法」。當我們要學習「愛人的方法」之前，也要弄清楚甚麼是「愛」才可以再去學習「愛人的方法」。

這一個「愛」並不是有一種普遍地存在的客觀意義，而是一種主觀性的意義。在前些篇章，主要都是強調我們需要思考「我們心目中的『愛』是甚麼」和「我們心目中所追求的『愛』是甚麼」。因為我們很多時候都會單單被一個「愛」字而遮蔽了一切。

在〈愛的偏差〉中，我們會發現一對情侶可能會因為大家對「愛」的意義有所不同而感情出現問題。二人也許希望可以調節大家的相處模式或其他想法來修補關係，不過他們的核心問題並不是純粹相處上的不合，而是在於大家對「愛」有不同的理解。如果只是改變所謂的相處模式，其實也只是治標不治本的方法，一方覺得這樣是「愛」的表現，另一方卻認為那樣才是「愛」的表現。假如雙方發現原來問題在於大家對「愛」有不同的理解，二人可以嘗試去理解對方的「愛」和自己的「愛」有否可以相融的地方或調整。如果到最後發現這個核心是無法相融，就算相處模式改變多少也無法保持關係。

另外，在〈愛你還是僅愛他自己〉、〈「愛物」與「愛人」〉和〈打者愛也，你願意被打嗎？〉這三篇中，主角瑤瑤就是因一個「愛」字而受傷，我們也有可能遇過這類的情況；當我們心裡認定對方是「愛」自己，又或者對方稱他是「愛」我們的時候，我們很多時候都會因為這個「愛」字而合理化很多不合理的事情，就算我們被傷害，我們也會用「他是愛我的」而合理化對方的行為。我們有沒有認真思考過這個「愛」是甚麼意思？是「愛物」的「愛」還是「愛人」的「愛」？是「愛你」的「愛」，還是「愛他自己」的「愛」？

愛情，當然不可能以理性作主導，但也不可能缺乏理性的輔助。我們要對一個「愛」字的意義作出釐清，這對於在愛情路上順風順水的人也許是多餘的，但對於在愛情路上遇過多番挫折的人來說，未曾不是一個方法。當我們釐清我們對「愛」的意義時，我們便會知道自己想要甚麼的「愛」，而在一段關係中也可以保障自己；在感情出現問題時，同樣可以了解到大家在關係上的核心問題。這樣，當我們真正懂得「愛」的時候，也可以去學習「愛的方法」，亦可以尋找到屬於自己的「愛」。

對感情認真等於好情人嗎？多情必然是壞人嗎？

「渣男／女」，通常都會用來形容一些對感情不認真，甚至是玩弄感情的人，於道德層面上都會有負面的評價。然而，對感情認真的人則一定是個好情人嗎？

「他對我非常好，很愛我的，一切都以我為先，不會強迫我做任何事情，更會照顧得的我非常體貼。」

當我們聽到這句說話時，我們通常都會認為這個「他」是一個非常好的伴侶。但當我們再聽到以下說話時：

「可惜他已有老婆。」

我們對這個「他」的觀感瞬間改變，隨即由正轉負。然後我們再聽到一句：

「而且我也有老公的。」

嘩！我們即時會想：我究竟聽了甚麼？到底有多不知所謂？我們會覺得不知所謂的其中一個原因，是因為這一切都是道德上不被接受，甚至認為這一切都是不道德的。

然而，這當真是如此的不知所謂嗎？真的是不道德嗎？又或者這樣問，不道德的部分是甚麼？是整段多角戀的關係，還是其他原因？

「我對他的感情是認真的，而我對老公的也是；他也是一樣的，對我和對他的老婆的感情也是認真的，大家都不是玩弄感情的人。」

這樣，我們又會否對他們的觀感（道德評價）有所改變？

一名有夫之婦及一名有婦之夫相愛，二人無論對對方還是對現任伴侶的感情也是認真看待，這似乎比起玩弄感情的渣男渣女好一點，但又未能於道德層面上可以接受。

我們不能接受的到底是甚麼？不能接受一個多情的人？還是不能接受其他原因？我們試看看以下不同的情境，思考自己對四個情境的想法有沒有分別：

1. 一名有夫之婦及一名有婦之夫相愛，二人都各自瞞著自己的伴侶見面，而且二人的行為和相處與一般情侶無異。

2. 一名有夫之婦及一名有婦之夫相愛，二人都各自瞞著自己的伴侶見面。不過二人都相處只如好朋友，所有言行都沒有越軌，從沒有向對方表達過自己的愛意，但也深知大家的心思。

3. 一名有夫之婦及一名有婦之夫相愛，二人的伴侶也是知道的，而且尊重並樂意接受這段關係的存在；偶爾也會四人如朋友般相聚，兩人的伴侶都不介意他們相愛並且有時會如同情侶般約會。

4. 一名有婦之夫（或有夫之婦）單方面對另一個人暗生情愫，但他的言行沒有越軌（也許比起對一般人，對對方會多一點關心），只是將心意藏於心中。

大家可以試試思考以上四個情境，反思自己對以上情境的接受程度（厭惡程度），到底是甚麼差異導致自己對不同情境有不同的觀感？從而進一步思考到底最不能接受的是甚麼。僅僅「多情」已經不能接受？還是其他因素導致你不能接受？

情境一，相信也是大部分人認為最不能接受的情況。這是精神上和肉體上的出軌。除了出軌，另一個更大原因令人難以接受的，是他們背叛了各自的伴侶，隱瞞自己出軌的行為，利用了伴侶對他們的信任。這個情況不止是出軌的問題，也牽涉到誠信與忠誠的問題。

情境二，這可算是精神上出軌，而行為上可算是沒有出軌（這部分仍待商榷）。不過相信不少人對此也難以接受的原因，同樣是誠信與忠誠。因為他們仍然有欺騙自己的伴侶，利用他們對自己的信任。再者，他們只是行為上沒有出軌，實際上他們也知道自己其實是進行對自己伴侶不忠的行為。因而與情境一也相差無幾。

情境三，這個情況比較特別，又或者這樣，我們可以將這個情況稱為「出軌」嗎？這個情境令我們反思「出軌」的定義是甚麼？當大家都知道自己的伴侶也有各自的情人，也樂意接受這個事實，而且大家也沒有隱瞞對方，這個情況也許怪怪的，也不是大眾所能接受，但這樣是不是出軌呢？假如大家認為這是合乎道德或是不道德的原因又是甚麼？於情境三似乎不涉及誠信的問題，那麼如果有問題的話，問題又出現在哪裡？還是這個情況是沒有問題？

情境四，這個情況也比較複雜。行為上沒有出軌，有點像單戀形式愛上了另外一個人，而他既不打算與現有伴侶分開，又不打算發展一段新的戀情，單純地自己愛上另外一人；這個情況，我們可以如何判斷他的道德對錯？還是這個情況並不構成任何道德問題？

以上四個情境的思考也沒有一個標準答案，不過我們可以透過以上的情境思考，反思自己在愛情上的道德觀，也可以反思我們對某些情境的直接感受是否有足夠的理據去支持。正如我們一般認為對感情認真等於好情人，但是一個人同時對多於一位的人感情認真又是一個好情人嗎？多情的人就必然是壞人（玩弄感情）嗎？無論大家對以上問題的立場是甚麼也好，大家有足夠的理據去支持自己的立場嗎？而反方立場的理據又是否無理？

愛情，充斥著浪漫的幻想。

在不同的愛情故事中，我們都經常聽到「命中註定」這四個字，我們都是命中註定愛上我們的愛人。

這種「命中註定」僅僅是美麗的幻想，還是一種枯燥的現實？

於艾倫・狄波頓的《Essays in Love》（中譯：《我談的那場戀愛》）的第一章〈浪漫的命定論〉便談及愛情上的命中註定並非一種非理性的想法，我們解讀這種命中註定的目的，是為了賦予一段關係的必然性，證明你與伴侶之間並非一種僅僅偶然的關係，而現實上其實二人愛上大家都只是一種僅僅低機率的偶然事件，只要當中有一小個因素改變了，也許你也不會愛上同一個人。艾倫・狄波頓認為命中註定的只是愛情這件事，而不是愛上某人。

不過，在這裡也想與大家從另一個角度去探討「命中註定」。哲學上有一個理論名為「決定論」（Determinism）（決定論通常用於探討自由意志的議題），簡單而言，這個世界一切都已成定局，包括你愛上那一個人，你的所有行為和思想，甚至這一句的下一個字是甚麼也已被決定。決定論基於因果律，凡事必有因，所有事情都不能脫離因果律，就如白波撞紅波，紅波必然會向前滾動，而紅波會到某處停止，也是基於紅波於地面的摩擦力。

我們人類的行動也不能離開因果律，一切都有原因，一切的原因也是被前一個原因所造成。我們自己的性格喜好也是被決定了；最初，我們的基因也一早被決定了，而基因反映出我們的性格喜好，隨著成長，我們的性格喜好也會因應成長環境而改變，這一切我們都無法掌握和決定的。鑑於這些原因，每個人都是在決定論下生活，所以父母老師的行為都是被決定的，他們對我們所造成的影響也是必然的。

家明是個不修邊幅的人，從來都不喜歡打理自己的頭髮，最後導致有脫髮問題。基於他的父母都是老師，他從小在這種成長背景影響下，以成為老師作為他的志願。最後，他到了某某學校成為了一位老師。

瑤瑤在小時候曾被一位禿頭男子救了一命，所以她從小就對禿頭的男性情有獨鍾。因為她住在彩虹，所以她便入讀了彩虹小學，而彩虹小學也有一位對她非常關愛的禿頭男老師。因此，她亦希望將來成為一位老師。事隔多年，她到了某某學校成為了一位老師。

家明和瑤瑤都在某某學校擔任老師，而他們都是新入職的老師，所以校方安排二人合作舉辦一個活動。二人日久生情，最後成為愛侶。

以上這種情況都是基於不同的事件組合而成，當中每一個事件都由前一個事件所造成。由多條不同的因果關係串連而成，就如一個又一個不同顏色的波相撞至現在的結果，最後便決定了家明和瑤瑤二人相戀，命中註定愛上對方。

在不同的可能世界下，這些事件的確是偶然的，每一件事都有不同的機率發生。只要有一個因素不同，家明和瑤瑤也許不會相愛（例如：家明的父母非常嚴厲，嚴格監管家明打理頭髮的習慣，所以他不會變成禿頭），這個「頭髮濃密的家明」則「有可能」出現。不過，這個「頭髮濃密的家明」也只會出現在另一個「可能世界」，而不是出現在「這個世界」。就算出現另一個「可能世界」，那個「可能世界」也是被決定了的（「頭髮濃密的家明」因為父母的嚴格監管才會打理頭髮，再退一步，他的父母因為某某原因而明白頭髮的重要，所以嚴格監管家明打理頭髮……）。「這個世界」的因素都已經決定了下一刻的情況，所有的因素都被上一刻的因素所決定，人和事都無法擺脫因果律，包括你愛上哪一位。

家明「命中註定」愛上瑤瑤，這到底是基於「浪漫的命定論」，還是「枯燥的決定論」？

愛情的變幻無常

「『由不相識再到交心一場，然後又回復正常』，不單止描述了嫖客與鳳姐短暫的相遇，更概括了一切較為理想——起碼有『交心一場』——的人際關係。兩個人就是兩條直線，或許是平行地永不相交，或許是只會相交一次，然後漸行漸遠。四十分鐘跟三個月、一年，甚至十年，其實沒有甚麼大分別——都只如夢般虛幻，轉眼便已消逝。」

節錄自《謎樣的森林——與你沉迷文學導賞36則》：【愛的愁苦與難得】親切的疏離：My Little Airport〈憂傷的嫖客〉李敬恒著

（雖然有斷章取義之嫌，但以下內容則以上述節錄而有感，並非根據整篇文章）

有些人終其一生只有一個伴侶；但有些人一生會遇上不止一個愛人，每個愛人都只是他人生中的一個過客。他們都是「由不相識再到交心一場，然後又回復正常」。

浪漫的愛並不一定是恆久不變，恆久不變的愛也不一定是最美好的愛。愛可以是變幻無常，既可以將兩個陌生人從兩條平行線相交起來，但也會在相交過後各走東西，再見便是陌路人。雖然只是一次相交之後永不再見，但也許就是這樣，成就了人生中最淒美的愛情。

雖然我們會希望自己的愛情能夠持續一萬年，但也只因為我們認為該段愛情是美好，才會想一直延續下去。因此，相交時間的長短並不代表愛情的美好，反而是因為美好才會想時間變得恆久。也許一段相處終生的關係，也比不上當年相交一刻的愛情。就算有多麼美好的愛情，我們也不會知道何時終結。「四十分鐘跟三個月、一年，甚至十年，其實沒有甚麼大分別——都只如夢般虛幻，轉眼便已消逝。」時間的長短其實沒有大分別，人與人之間的關係，尤其愛情都「如夢般虛幻，轉眼便已消逝」。逝去的，就算十日情還是十年情，也不再重要；美好的，就算是十日情還是十年情，也可以同樣優美。

愛情的變幻無常往往會令人失去方向，錯的時間愛上錯的對象，永遠都不會在我們的預料中愛上一個人。愛，本身道德上無分對錯，錯只在於行為。也許你已有伴侶，但卻愛上另外一人；也許你愛上一個已有伴侶的人；也許這二人各有伴侶，但卻互生情愫。假如他們沒有做錯的行為，只是默默將愛意藏於心裡，這些愛也不應被受到責備，因為他們也只是被愛情作弄的受害者。「……每個人就是一個孤獨的自我，而跟靈魂伴侶長相守的渴求……最悲哀與荒謬的是，我們明知事實如此，卻只能盡力把感受收藏，而無法不介懷心上。」「有些愛未開始已經結束」、「是錯的不管再美好」不同的歌詞也有相對應關於愛情的特質，相愛也不一定會有結果，「起碼有『交心一場』」。

傳統有部分哲學家為變化而尋找規律，因為他們對變化感到不安，而我們在愛情上也會如此。愛情的變幻無常通常都會令人忐忑不安，而且這種無常的變化，令人對愛情失去了安全感，甚至會感到痛苦。我們無故地愛上一個人，同時對方也無故地愛上自己；我們卻不能保證對方或自己會否也無故地突然不再愛對方，這種變幻無常令人無所適從。然而，我們這種不安源自於我們對未來有所期盼。我們希望可以將這份愛的美好延續下去，卻忘記愛在當下，從而更破壞了愛為當下帶來的美好。我們會希望尋找一種令自己的愛情恆久不變的公式，讓自己的愛情延續下去。當我們與愛人之間的關係出現問題時，我們會尋找那條裂痕來修補。然而，這個只限於「相處」上出現問題可以處理的方法。當「愛情（感情）」上出現變化的時候，我們會很想尋找一個令感情回復當初的方法，我們會不斷問「為甚麼會變成這樣」，甚至會追問對方「到底發生了甚麼事」，從中希望可以找到一個「原因」或「問題」，從而針對當中的問題尋找解決方法，讓大家之間的感情回到當初，可是這一切也會是徒勞無功。因為愛情就是變幻無常，這一刻可以愛對方愛得要生要死，下一刻可以失去了激情；這一刻你與對方只是普通同事，下一刻卻對他心如鹿撞，然後也可以成為了陌路人。

愛情的變幻無常為我們帶來的並不只有苦，也為我們帶來甜。正正因為愛情的變幻無常，我們才會遇上我們所愛的人，才會令我們「由不相識再到交心一場」，體會到愛情的美。愛情的變幻無常令我們不知不覺地愛上一個人，幸運的話更能讓二人相愛，發展出愛情關係。這段關係和感情也許未必長久，但至少也曾為我們帶來愛情的美好。不論是單戀還是相戀，大家回想過往的愛情，又或者現時所經歷的愛情，總是會為你帶來「甜」的感覺。雖然我們不知道為何會愛上一個人，就算是單戀也好，當你看見你所愛的人，也會無故地有種「甜」的感覺在心裡。你心中會期盼每天見到這個人，縱然你們沒有交流；當你有幸與對方對話和交流，你心中的甜度就會上升。這些都是愛情的變幻為我們帶來的甜。

古代皇帝因為人生的變幻而追求永生不死，然而卻因為執著永生不死而忽視了當下的人生，甚至將自己的人生弄得一塌糊塗。人生是變幻莫測，因此我們要活在當下。然而，為甚麼我們不能「愛在當下」？愛情的變幻無常比人生變得更快更無常，與其執著尋找令愛情恆久不變的真理，不如愛在當下，好好地享受愛人與被愛的當下，也許「愛在當下」就是令愛情恆久不變的真理。

愛情的變幻，同時會為人帶來幸福，也會為人帶來痛苦。既苦且甜，也許與對方只會在人生中相交一次，但也能夠成就一生中最美的愛。

愛情的起始

一開始的愛情是一種怎樣的「愛」？

大家還記得自己當初是如何愛上一個人嗎？你是一見鍾情，還是日久生情？

無論是一見鍾情，還是日久生情，當你愛上一個人的時候總會常常想著對方，留意對方，他的舉手投足也會觸動心靈。當你傳訊息給對方時，你會每隔十秒就留意電話；只要對方回覆，你便會秒回訊息；對方的訊息內容有沒有emoji，也影響著你心中的emoji。不管你所參加的活動內容是甚麼，只要你能與他共處，你便感到心滿意足。這便是愛情的起始：迷戀（Infatuation）。這個時期的愛可以是單向，也可以是雙向。

迷戀時期的愛是一種怎樣的愛？這個階段愛的強度非常高，滿腦子都是對方。然而，這個時期的愛不是愛情中的最理想（偉大）的愛。當我們反思這刻的自己時，我們雖然覺得自己很愛對方，但這種愛到底是一種怎樣的愛？這個階段我們的愛都是由自身出發，與那種「偉大的愛情」有所不同，傾向是以滿足自己為主，而非以對方的福祉為先。例如我們想約對方共晉晚餐，計劃精心安排，務求對方滿意這次的安排。雖然我們會希望對方滿意這頓晚餐，甚至是因應對方的喜好而設計，但實際上我們是希望對方滿意這頓晚餐，從而對我們留下一個良好印象，繼而一步一步地獲得對方的歡心，重點仍然是放在「自己」。

這也有別於自私的愛，因為「以滿足自己為主」和「只以滿足自己為主」有所不同。假如是一種自私的愛，我們可以從不考慮他人的福祉和喜好，僅以自己的快樂為考慮因素。而迷戀時期的愛，我們雖然以滿足自己為主，但對方的快樂也是一個重要的考慮因素，並且我們也是以對方本人作為我們的關心對象，希望滿足對方來滿足自己，並非僅僅滿足自己喜好的一個手段。

這個階段的愛非常初期，有如剛萌芽的種子。怎樣培養這個種子，則會有怎樣的成長。有些人會發展成自私的愛，有如恐怖情人；有些人會發展成偉大而浪漫的愛，一切都以對方福祉為依歸；也許，有些不能發展出任何的愛，終結了二人的關係。

愛情是一門非常複雜的課題，終其一生也難以領略。學會懂得怎樣去愛，也許我們先要學懂甚麼是愛。

參考資料：
Nozick, R., 1989, “Love’ s Bond”, in The Examined Life: Philosophical Meditations, New York: Simon & Schuster, 68-86.

論 Robert Nozick 的愛情哲學：We

Robert Nozick 是一位著名的哲學家，最出名的是他於政治哲學上的學說。然而，今次將以他一篇關於愛情哲學的論文〈Love's Bond〉為題，探討愛情哲學。文中探討了愛的本質、浪漫的愛與其他的愛的分別，以及愛情關係上所建立的新實體（身分）——We。這文提供了一個深入的分析，其中一個重要的論點是探討 We——二人因浪漫的愛而組成的團體——如何影響二人的福祉、二人的自由、個人身分以及倫理行為。

本文將會以 Robert Nozick 對於 We 的觀點作為探討的重點，並試圖理解他如何將愛情視為一種特殊的倫理關係，而這種特殊性會產生一些矛盾問題，繼而探討何謂真正的愛。

Robert Nozick 的 We

Robert Nozick 的〈Love's Bond〉強調於浪漫的愛中，當愛一個人的時候（不論是單戀，還是兩個相愛的人），他們都會期望與對方一起，組成一個新的實體——「我們（We）」。當二人相愛的時候，這個 We 則會由二人共同建構，二人共同擁有一個新的身分，二人的福祉都會互為影響。

當我們愛上一個人的時候，我們的福祉（Well-being）會與對方連結起來；當對方感到幸福快樂的時候，我們也會，反之亦然。縱然我們不會感受到相同的喜悅（或痛苦），但也會感受到類近程度的喜悅（或痛苦）。因此，當我們愛上對方的時候，無論是單戀還是相戀的情況，我們都會希望為對方帶來快樂，而不願意見到對方傷心。

當二人組成 We 後，二人的福祉則連結起來，即二人的福祉（部分地／完全地）互相影響。因此一方感到幸福的時候，另一方知道後也會感到（部分的／完全的）幸福，反之亦然。我並不需要與對方經歷同一件事情，只要得知對方感到快樂的時候，我便會因而感到快樂。例如，當我知道他能夠入讀哲學系時，而哲學系是他的理想學系，就算我的理想學系並不是哲學系，我也會因此而感到快樂。又或者從另一個角度看，假如他因為小時候曾經遇溺而對游泳池感到恐懼，然後我得知他今天有需要到游泳池工作，我會因此而為他擔憂，也會因為他感到恐懼而感到難過。這兩個例子反映當二人組成 We 後，我們因為重視對方而以對方的福祉為依歸，也因此二人的福祉則會連結起來，受到對方的福祉而影響。

我想對方快樂是因為我自私嗎？

因為對方的福祉與我的連結起來，所以當我知道對方快樂時，我便會感到快樂。那麼我為了對方快樂，最終都只是為了自己快樂？這樣只是一種自私的行為而非真愛嗎？

雖然這似乎是為了自己的快樂而令對方快樂，但這只是一種誤解。這並不是一種利己主義的想法，因為我們的目的並不是為了自己的快樂而令對方快樂。當我們的行為是為了對方快樂的時候，我們行動的目的並不是為著自己快樂與否，而是在想「這個行動能否為對方帶來快樂」。整個行動的目標和對象都是所愛的人（Beloved），而非自己（Self），所以這並不是一般所理解的利己行為。這可以理解為「當我們的行動目標是為了所愛的人，而所愛的人的福祉與我們本人有所連結，這意味著所愛的人的福祉與我們的福祉成正比的影響。因此，當所愛的人的福祉有所得益時，我們的福祉也隨之而得益，但我們這個行動並不是為了個人的福祉（最起碼不是主要目標）而行動。」

Nozick 於文中指出，於浪漫的愛，當二人相愛時，必然會組成「我們（We）」。於這個狀態下，「我們」不會再劃分我和他，不再是兩個獨立個體，而是一個「我們（We）」。

於這個情況下，福祉並不再是分我的福祉還是他的福祉，而是「我們（We）」的福祉。當我在考慮一個行動所帶來的後果時，我所考慮的不再只是自己的福祉，而是「我們」的福祉。當「我們（We）」組成後，「我」不再是原來的「我」，我已擁有一個新的身分——「我們」，即我與愛人所組成的新實體，而這個組成的新實體並非物理上二人合二為一，有別於《會飲篇》中的阿里斯托芬（Aristophanes）所提及的原始人（雙頭雙身，有如連體嬰），而是透過建立親密關係，結合成形而上的組合。

雖然二人並非物理上的結合，但二人的福祉已經連在一起。於「我們（We）」中，我不可能只顧自己的福祉已莫視「我們」的福祉，這已是邏輯上不可能。因為於浪漫愛情上，我與愛人的福祉已連在一起，這組成一個「我—愛人」即「我們」的福祉。假如我只為了追求自己的福祉而傷害了「我們」的福祉，而「我們」是由「我—愛人」所組成，這豈不是也傷害了自己的福祉。我們不可能同時追求自己的福祉而傷害自己的福祉，所以這種事情是不可能發生。除非這個「我們（We）」並不存在，又或者我根本不投入或沒有組成這個「我們（We）」，這個情況我則可以自顧自地追求自己的幸福而不理會所謂「我們」的幸福。這個情況於

Nozick 的理論下，「我根本不愛對方」。只有當我的福祉與他的福祉扣連起來，這才代表我真的愛他。

於 We 中，我能夠做一件事情同時令自己快樂，又同時令自己不快樂嗎？

我的行動有可能會令自己快樂，而對方會感到難過。當我和愛人組成 We 後，我和他的福祉便互相影響。假如一個行為會令對方難過，那麼基於 We 的情況，我與他的福祉連上，則他難過而我便會難過，但這個行為本身是因為會令我感到快樂才會行動。那麼這個行為會否產生一個矛盾情況，同時令我快樂，又同時令我難過？試從以下例子以 We 的不同情況回應以上疑問。

假如我想成為一位消防員，而我的伴侶對我這種想法感到難過，因為他認為所有消防員的工作都非常危險，而且有可能會危害生命，他會因而每天都提心吊膽。

在 Nozick 的理論中，如果我堅持要成為一位消防員，則我的伴侶一定會感到難過。而成為一位消防員是我的理想，如果我能夠成為一位消防員，我的福祉便會有所提升。但是因為我愛他的緣故，若他對此感到難過，我理應會感到難過，繼而應該要選擇「不」成為一位消防員。然而，我也會因為不能成為消防員而感到遺憾，而按 Nozick 的理論，我的伴侶也應該會因此而感到難過，因為他愛我的話，則應該為我的遺憾而難過，也應能因為我能夠成為一位消防員的喜悅而感到喜悅。可是，這個情況並非如此。在很多的情況下，我們都會為對方的喜悅而感到快樂，為對方的傷心而感到難過，這與 Nozick 的理論吻合。因為二人相愛，所以二人的福祉互為影響。但是，於「成為消防員」這個情況下卻出現了異常。

以下是 Robert Nozick 於〈Love's Bond〉的理論：

1. 如果我愛一個人，則我和他的福祉會連成一起。
2. 如果他（我）感到幸福時，則我（他）也會感到幸福，反之亦然。
3. 如果他（我）感到難過時，則我（他）也會感到難過，反之亦然。

於「成為消防員」的情況則如下：

4. 如果我能夠成為消防員，則我會感到喜悅。
5. 如果我不能夠成為消防員，則我會感到難過。

6. 如果我能夠成為消防員，則他會感到難過。
7. 如果我不能夠成為消防員，則他會感到喜悅。

情況 1：我不能成為消防員。（2 & 7 & 9）

2. 如果他（我）感到幸福時，則我（他）也會感到幸福，反之亦然。
5. 如果我不能夠成為消防員，則我會感到難過。
7. 如果我不能夠成為消防員，則他會感到喜悅。
9. 我不能成為消防員。（情況 1）

8. 他會感到喜悅（7,9 MP）
9. 我也會感到喜悅（2,10 MP）
10. 我會感到難過（5,9 MP）
11. 我會感到喜悅，同時也感到難過（11,12 Add）

情況 2：我不能成為消防員［從他的角度］。（2 & 7 & 9）

2. 如果我（他）感到幸福時，則他（我）也會感到幸福，反之亦然。
3. 如果我（他）感到難過時，則他（我）也會感到難過，反之亦然。

5. 如果我不能夠成為消防員，則我會感到難過。
7. 如果我不能夠成為消防員，則他會感到喜悅。
9. 我不能成為消防員。（情況 2）

12. 他會感到喜悅 （7,9 MP）
13. 我會感到難過（5,9 MP）
14. 他也會感到難過（3,15 MP）
15. 他會感到喜悅，同時他也感到難過（14,16 Add）

從情況 1 和情況 2，我和他都會因為不能成為消防員而同時感到喜悅和難過，但是兩種情緒的成因也不同。於情況 1 中，我的喜悅是因為他感到喜悅而喜悅，我的難過是因為不能成為消防員而感到難過；於情況 2 中，他的喜悅是因為我不能成為消防員，而他的難過是因為我感到難過而難過。因此這個情況並非一個矛盾情況，因為這兩個看似矛盾（喜悅與難過）的情緒並非源自於同一個成因，一個成因是源自於另一個人的福祉，一個成因是源自於另一個事件（我不能成為消防員）。

不同程度的愛與不同程度的 We

We 形成後，二人的福祉扣連起來，似乎理應二人的福祉互相影響，也因此應該關注對方的福祉為先。不過現實中卻非如此，不少人也會因為自己的福祉受到影響而決定寧願對方難受，也要選擇自己所想。難道他們沒有組成一個 We 嗎？還是他們不愛對方？然而，假如我愛一個人，我可以明知道某個行動或選擇會令對方感到難過，仍然進行那個行動（例如成為消防員）嗎？

根據 Nozick 於〈Love's Bond〉中，提及「愛不一定是要與自己相同程度或比自己更大程度地關心別人。這些愛是巨大的，但是當你的幸福受到他人的影響（但方向相同）時，一定程度的愛就會出現。與其他事情一樣，你（在某種程度上）也是如此。你所愛的人都在你的界線之內，他們的幸福就是你自己的。」（Love is not necessarily a matter of caring equally or more about someone else than about yourself. These loves are large, but love in some amount is present when your well-being is affected to whatever extent (but in the same direction) by another' s. As the other fares, so (to some extent) do you. The people you love are included inside your boundaries, their well-being is your own.）理論上，我們傷害所愛的人則如同傷害我們自己，不論任何程度；所以我們不會做傷害自己所愛的人的事，因為傷害對方則如同傷害自己。然而，我們不會進行一些傷害自己的行動嗎？我們有時候也面對需要抉擇 A 行動或 B 行動時，兩者都對自己有害，兩害取其輕要選擇對自己作出最少傷害的行動。因此，雖然某行動可能會對所愛的人有害，從而我們也會受到傷害；但我們仍然可以決定進行該行動。因為我們權衡輕重後，認為這個行動的傷害較另一個選項輕，所以則決定此行動。而文中提出「愛不一定是要與自己相同程度或比自己更大程度地關心別人。……一定程度的愛就會出現」，我們可以將其理解為愛的程度與關心愛人的程度是成正比的，愛人的福祉影響自己的福祉的程度，也是與以上兩個範疇的程度成正比。當我們關心對方的程度比較高，即我們愛對方的程度較高，也即對方的福祉影響我們自己的福祉的程度也比較高。

回到「成為消防員」的例子，試分析以上前提（1-9）：

16. 我會感到難過（5,9 MP）
17. 他會感到難過（6,8 MP）

18. 我會感到難過（3,19 MP）

19. 我會感到喜悅（4,8 MP）

20. 他會感到喜悅（2,21 MP）

21. 他會感到喜悅（7,9 MP）

從以上的推論，看似無論選擇「成為消防員」或「不成為消防員」，我也會感到難過，亦會感到喜悅；但我最後都要選擇其中一個選項，那我要如何選擇？我們會權衡兩者之間的難過程度，繼而作出選擇。通常我們都會選擇難過程度較低、喜悅程度較高的一個選項。當中的程度會因應我對愛人所愛的程度而有所影響，繼而影響我的判斷。以下嘗試將愛的程度具體化來表示：

假如我對對方的愛是 100%，全心全意地愛他，一切都是以他的福祉為依歸，也會與他組成一個完美的「We」。如果以「成為消防員」這個例子來分析，我可以無須考慮這個決定對我個人福祉的直接影響，而只需要考慮這個決定對他的福祉有何影響。因為此刻的我是 100% 地愛他，也即是他的福祉是 100% 地影響著我的福祉，甚至可以直接把他的福祉作為我的福祉來考慮。因此，於這個情況下，我選擇成為消防員與否，都是以他的福祉為考慮因素。而「成為消防員」這個決定是會令他難過，也因而令我難過，所以我會選擇「不成為消防員」也不會感到難過，甚至覺得喜悅。

而假如我愛對方的程度只有 20%，那麼我們這個「We」則不會是一個完美的「We」，仍然有大部分的個人考慮，也即是他的福祉對我的福祉的影響也只有 20%。然後於這個情況下，我可以權衡成為消防員與否這兩個選項當中的福祉差異，來決定選擇哪一個選項。假如我選擇「成為消防員」這個選項，他便會因此而感到難過，繼而我也會因而感到難過，而因為他的福祉對我的福祉的影響只有 20%，所以我也只感受他 20% 的難過。而如果我選擇「不成為消防員」這個選項，我會因此而感到遺憾，這種難過將會成為我人生中的遺憾，難過的程度佔 80%。於這個情況下，我選擇「不成為消防員」的痛苦值比我選擇「成為消防員」的痛苦值明顯地多。因此，我應該選擇「成為消防員」這個痛苦值較低的這個選項。

當然，也會有 50% 的這個情況，不過於此也不會再詳細探討。因為 50% 的情況有如不同的道德兩難，各個選項也各有利弊，並非可以容易抉擇，作出任何一個選擇也定有所犧牲和得益。

從以上的不同例子，我們可以推論出只有當我全心全意地（100%）愛上對方，才可以將對方的所有福祉如同自己的般看待，這個才稱得上是一個完整的「We」。如非 100% 的話，我們必然仍會存在部分個人福祉的考慮。

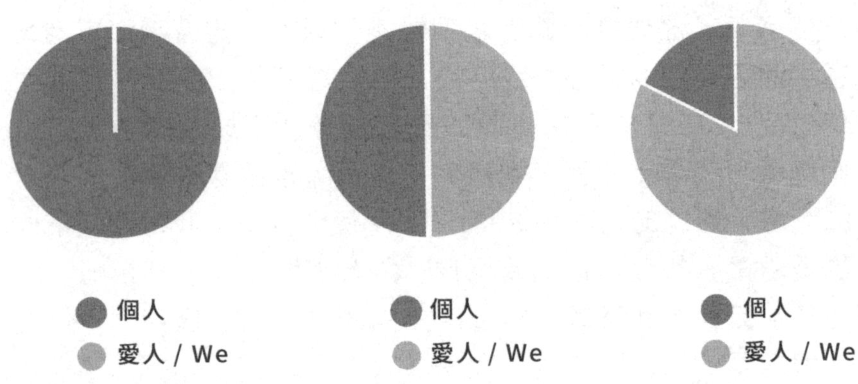

強烈關心（Robust Concern）作為組成 We 的必要條件

Alan Soble 於《Union, Autonomy, And Concrn》中提及：Nozick 的 We 是缺乏了「深切關心」（Robust Concern）。原因是因為當情侶組成了 We 之後則成為一個共同實體，因而失去了自主性，繼而無法從「我」的身分關心對方。然而，我對此是感到懷疑。Nozick 提出 We 這個概念強調的是二人的福祉連成一起，而且二人是自願地將自己的福祉與對方的扣連一起。當我們愛對方的時候，我們會視對方的福祉如同自己的福祉般看待。然而，這個情況也會引申多一個概念，「深切關心」（Robust Concern）。當我們愛對方的時候，會深切關心對方，從而會關心對方的福祉。我們的福祉不是形而上地被無形的鐵鏈連結在一起，也不是隨機地與路人的福祉連結在一起。我們是因為愛上了對方，所以會關心對方的福祉；也因為愛上了對方，所以我們關心對方的程度比起關心其他人的多很多；正正因為我們關心對方的程度很高，猶如關心自己福祉的程度，這樣，對方的福祉就會如同我們的一樣，連結一起。這種浪漫的愛有別於對物件的愛（love an iPhone），也不同於對活動的愛（love playing basketball）。這種愛是主體性的，當你愛上一個人，你會視對方為一個主體，並且尊重對方為一個主體，因而會關心對方的福祉，亦會希望與對方組成一個 We。有些所謂浪漫的愛，其實只是一種自私的愛，只為佔有對方而非尊重對方，僅視對方為自己的佔有物，這並不是為了與對方組成 We，而是想對方成為 Me 的一部分。當中欠缺了「深切關心」，對方的福祉僅是自己的福祉的工具，與組成 We 的概念大相逕庭。

真正浪漫的愛，必須有與所愛的人（The beloved）組成 We 的想法，並且基於對愛人的「深切關心」而視對方的福祉如同自己的福祉，從而組成一個新的實體 We。這樣，才是真正的愛。

We 的出現不等於個體的消失，也不等於矛盾的出現。

Alan Soble 否定 Nozick 的 We 具有 robust concern 的重要理據是 We 是一個二人組成的新實體，所以個體性會消失，因而不會有 robust concern 的出現。也許有些人會爭論如何將兩個個體合二成一，如何可能同時是兩個獨立個體，又同時是一個新的實體。

美國哲學家 Marilyn Ann Friedman 於文章〈Romantic Love and Personal Autonomy〉提及：On the federation model, a third unified entity is constituted by the interaction of the lovers, one which involves the lovers acting in concert across a range of conditions and for a range of purposes. This concerted action, however, does not erase the existence of the two lovers as separable and separate agents with continuing possibilities for the exercise of their own respective agencies. (P.165)

我們可以視 We 為第三個實體，而這個實體的出現是基於與愛人的一些互動所組成。這些互動和連結並不會將個體身分消除。每個人仍然有自己的自主性和獨立性，只是多了一個 We 的存在，每個人都多了一個與對方緊密連結的身分。我們並沒有放棄原有的身分而去組成 We。我們既是自己，也是 We 的一部分。

We 的出現從來都不是指出兩個個體合二為一，有別於連體嬰。We 既不是物理上的統一，也非心理上的統一，也非自主性的統一，而是福祉上的統一。當中所謂福祉的統一也並不是當對方感到快樂時，就算我身處千里之外也能自動地感受到快樂，而是指我們二人的福祉互相影響。只有當我（他）「知道」他（我）快樂的時候，我（他）便會感到快樂，反之亦然。這個「新實體」也等於我們多了一個新的身分，We。當我們是 We 的一分子時，我們的行為會影響到 We 的利益，而 We 的利益也會影響到我們自身的利益。

We 由我和愛人所組成，這是一個非常緊密和核心的組合，二人的行為對對方的影響大很大。到了後期，不止是行為所帶來的影響，二人的福祉近乎（甚至根本上）不可分割。我要成為一個怎樣的人，以及想實踐任何的理想，甚至我想加入甚麼甚麼團體，這一切都會對 We 和對方的福祉有所影響。我們可以看看以下三個例子：

「彼得一人到日本旅行」

1. 彼得會因為自己一人可以到日本旅行而感到快樂，凱特對此事而難過。

2. 彼得會因為自己一人可以到日本旅行而感到快樂，凱特對此事而快樂。

3. 彼得會因為自己一人可以到日本旅行而感到快樂，凱特對此事本身沒有特別喜惡。

於（1），凱特會獨立地因為「彼得一人到日本旅行」而感到難過，可能是因為她會因為彼得一人旅行而她獨留在香港而感到孤單而難過，又或者因過分擔心他一人旅行的安危而難過等等。總之，凱特就是會因為「彼得一人到日本旅行」這件事而感到難過。

於（2），凱特會獨立地因為「彼得一人到日本旅行」而感到快樂，可能是因為她會因為彼得一人旅行可以獨留在香港，享受久違的一人時間而感到快樂，又或者因為可以不用到日本而又可以交代彼得買手信而快樂等等。總之，凱特就是會因為「彼得一人到日本旅行」這件事而感到快樂。

於（3），凱特對「彼得一人到日本旅行」這件事情本身沒有任何喜惡。然而，基於她愛彼得的關係，彼得的福祉會影響到她的福祉，而她知道他到日本旅行會感到快樂，她也會因為他的快樂而感到快樂。

從以上的三個情況分析，我們可以見到凱特都會因「彼得一人到日本旅行」這個行動而影響她的福祉。情況（1）和（2），這兩個情況也經常出現於早期剛組成的 We，因為這個時間二人福祉的重疊面積仍然不多，所以大家考慮個人福祉的比例仍然比較重。

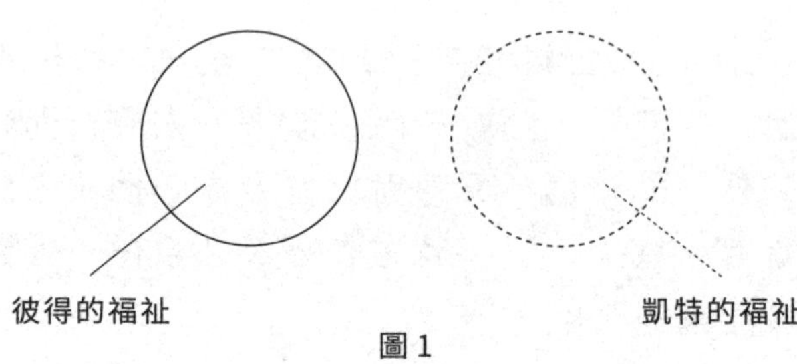

圖 1

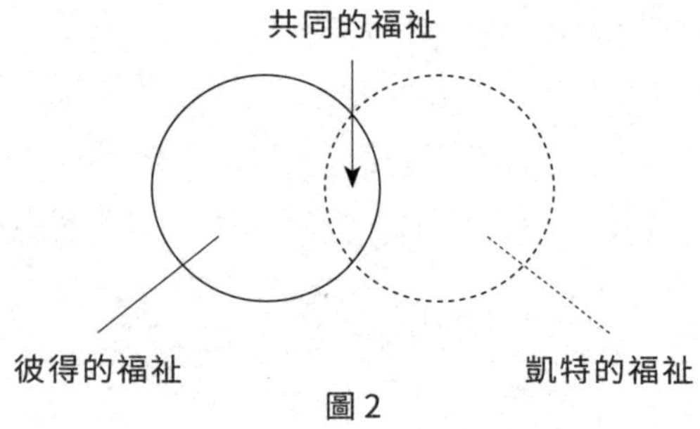

圖 2

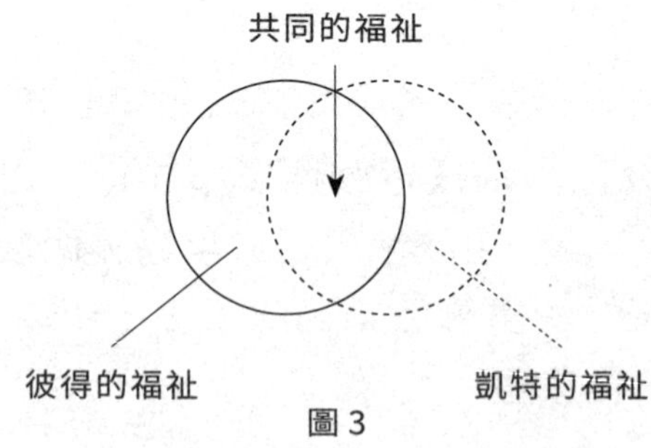

圖 3

於這個階段，情況（1）和（2）正是以個人福祉為主要的考慮因素，而對方的福祉為次要，因為對方的福祉對自己的影響力仍然偏低，但對方的行動所帶來的影響力卻不低。以上述為例，凱特會考慮的是「彼得一人到日本旅行」為她本人帶來的福祉，多於「彼得一人到日本旅行」為彼得帶來的福祉。因為這個階段彼得的福祉對凱特的福祉所造成的影響很低，所以彼得的福祉暫時不是凱特考慮的主要因素。因此，當彼得問凱特有關於他一人到日本旅行的意見時，凱特會以「彼得一人到日本旅行」為她本人帶來有甚麼影響為首要考慮的因素。

然而，到了 We 組成的後期，又或者是較成熟的時期（圖 3）。不止是彼得的行為對凱特的福祉的直接影響，更重要的是彼得的行為對 We 的福祉的影響，也即是二人共同的福祉，而這個福祉會是從彼得的行為如何影響彼得本人的福祉，從而影響到凱特的福祉，而凱特的福祉同時也影響著整個 We 和彼得的福祉。二人的福祉是互相影響，並且共同建構出一個共同擁有的福祉。

我們與 We 的關係則是一種人生伴侶的關係，即對方與我們共同建構一個人生。建構一個人生，即從日常生活的一切事件所組成，無論是生活小事，還是人生大事都會影響都著人生的建構。當我們與愛人組成一個 We 的時候，我們的人生開始互相重疊。重疊的部分愈多，我們各自的行為和福祉互相影響的程度則愈多。再者，We 的發展必須基於我們的自主並必不可少，所以 We 的共同身分並不會導致我們的個體和自主消失。We 的關係中，我們是互相擁有對方，而不是控制對方。我們所愛的是一個具自主性的人，並希望自己和對方都是自主地愛對方，我們必須具有主性才可能自願地進行這一切的行動。當我們於 We 的情況下，我們都是自願地關顧對方而行動，也是自願地犧牲自己的福祉來成全對方，來成就這個 We。就算於「完全的『We』」這個階段，我們都是因為全心全意地愛對方，所以自願地視對方的福祉為全部。這一切都是自主的，我們的「個體」意義也沒有因為 We 的出現而消失。於 We 的組成後，我們也不會因此而失去自主性。

愛的其中一個特點：行動的目標的為了對方的福祉。然而，如何判斷對方的福祉？由我還是她來判斷？

假如是「完全的 We」，這個問題則很容易回答。因為於「完全的 We」這個狀態，二人都完全了解對方，所以大家都非常清楚對方的福祉，也有足夠的能力去判斷對方的福祉而不會有錯。

不過，於「非完全的 We」的情況下，則會非常複雜。因為我認為這樣是為了對方好，但也許於對方而言是有害，反之亦然。例如：我認為珍妮去多做運動是一件好事，所以我為她安排了一系列的健身課程，但珍妮卻認為做運動對她而言並非好事，因為她可以將做運動的時間去讀更多的哲學書。

我們每個人對自己的福祉也會有不同的標準，因此有可能會出現上述珍妮的例子。然而，這也反映出我們不能夠以自己的角度來判斷對方的福祉。從《論自由》中，J.S. Mill 提出一個具有足夠理性能力的人是有足夠能力去判斷自己的福祉，他人也不會比自己更了解有甚麼能夠促進自己的福祉。因此，於「非完全的 We」的情況下，尤其早期組成的 We，情侶雙方也對對方的了解並不足夠，所以很難為對方的福祉來下決定。只有自己本人才會了解（或相對了解）自己所需。

當然，也會有當局者迷的情況，自己也有可能會誤以為某些行動能夠為自己帶來福祉，但事實上卻為自己帶來痛苦。其中一個情況就是對行動所帶來的後果有所誤會或認知上有所錯誤。例如大衛以為可卡因能夠為他帶來快樂，而且自己並不會染上毒癮。這個情況大衛對「可卡因」所帶來的後果有所誤解，從而危害他的福祉。愛瑪（大衛的愛人）因為愛大衛，不願意見到大衛因吸食毒品而受苦，因而阻止對方。因為於這些大是大非的情況下，愛瑪比大衛更有能力去判斷該行為的後果。再者，於《論自由》，“That principle is, that the sole end for which mankind are warranted, individually or collectively, in interfering with the liberty of action of any of their number, is self-protection.”，我們不可以限制他人的自由，只有當行為會危害自己時，我們為了自保才可以限制他人的自由。而阻止大衛吸食毒品（限制大衛吸食毒品的自由）不但不是傷害大衛，更是為了大衛的福祉而行事。同時，當大衛吸食毒品會危害自己的福祉時，同時也危害了 We 的福祉，也即會危害愛瑪的福祉。因此，愛瑪限制大衛吸食毒品的自由，不單止是為了大衛本人的福祉，而是為了保障 We 以及愛瑪自己的福祉。

除了於「完全的 We」的階段，一般情況下，我們都不能完全判斷對方的福祉，因為我們都不及對方了解自己。再者，我們也不能將自己的價值觀強加於對方。我們認為好，對方卻未必認為是好，而且於 We 的福祉中，我們不是追求「最大效益化」。《論自由》中，“His own good, either physical or moral, is not a sufficient warrant. He cannot rightfully be compelled to do or forbear because it will be better for him to do so, because it will make him happier, because, in the opinion of others, to do so would be wise, or even right.”，無論我們認為怎樣的行為才能為 We 或他本人帶來更大的效益，也不可能將自己的想法強加於對方，並限制對方的自由。也許我們會覺得對方的行動未必能夠為他自己，以及 We 的福祉帶來最大效益，但只要該行動不會帶來傷害（或嚴重傷害），我們也應該尊重對方的想法，透過理性的方式溝通讓對方知道我們對事情的想法，最後的決定權仍然是交給對方。

總結

於浪漫的愛中，一個人愛上另一個人是會希望與對方組成一個 We，形成一個新的實體。然而，這個新的實體並不等於取代了兩個獨立的實體，而是由兩個獨立的實體建構出來的第三個共同擁有的實體。Nozick 的 We 並不是讓兩個獨立個體消失，也不是有如科幻電影般將兩個人二合為一。情侶之間因為愛，所以會強烈關心（Robust Concern）對方，從而視對方的福祉如同自己，而不是失去了自我。兩個不同的個體的福祉扣連一起並不是當其中一方感到幸福，另一方就自自然然地感到幸福，而是當其中一方知道對方感到幸福，另一方才會感到幸福。因此，組成 We 的個體仍然具有自主性和個體性，並非二人融合成一個個體而抹煞了各自原來的個體。而且，組成 We 後也不等於失去自我，因為當愛上一個人的時候，我們是自願地關心對方，而且是自願地為對方的福祉而行動，這也是一種自我的表現。

情侶間有多愛對方，這個 We 的完整度則會有多少。Nozick 的 We 並不是指出二人一旦相愛後，便會組成一個完整的 We，二人的福祉便會完完全全扣連起來。現實上，相愛中的戀人都會不同的階段，但他們都會有傾向與對方組成一個完整的 We。

參考資料：

Cooper, John M. (ed.), 1997, Plato: Complete Works, Indianapolis: Hackett.

Friedman, M. A., 1998, "Romantic Love and Personal Autonomy", Midwest Studies in Philosophy, 22: 162–81.

Soble, A., 1997, "Union, Autonomy, and Concern", in Lamb (1997), 65–92.

Love. (2005, April 8). Stanford Encyclopedia of Philosophy. https://plato.stanford.edu/entries/love/#LoveUnio

Mill, J. S.(1895). On Liberty. Batoche Books Limited.

Nozick, R., 1989, "Love's Bond", in The Examined Life: Philosophical Meditations, New York: Simon & Schuster, 68–86.

朋友知己與老友

Chapter 3 |

朋友知己與老友

為甚麼他是你的朋友

「朋友」，這種人際關係，相信大家都不會陌生。「朋友」在每個人的成長過程中也有很多的影響，我們會因為朋友的喜事而高興，也會因為朋友的困難而感到難過；朋友有難的時候，我們會毫不猶豫地出手相助；我們有困難時，也會尋找朋友的幫助。「朋友」也有分很多種類：酒肉朋友、知心好友、泛泛之交等等。我們都會稱有很多人為「朋友」，這一些「朋友」當中有甚麼共通點令我們統稱他們為「朋友」？

「朋友」的本質是甚麼？

甚麼原因使得那個人會被你稱為「朋友」，而另一個人則不是「朋友」？

又有甚麼原因使得兩個不同的人、與你的相處模式完全不同的兩個人，你都會分別稱他們為朋友？

就算沒有過節，為甚麼有些人與你的關係十年前曾經是你的「朋友」，而現在卻不是「朋友」？

我們平常很容易地使用「朋友」這兩個字，亦很容易去稱呼不同人為「朋友」，卻從未思考過「朋友」這種觀念。

對於我們而言，「朋友」究竟是甚麼呢？

亞里士多德曾經於《尼各馬可倫理學》中探討過「朋友」這個議題：

「友誼是一種德性，或者說是包含德性；它對生活而言是最必要的。」

「友誼是相互的善意，且不為對方所忽略。」

友誼的本質是基於朋友兩人彼此承認互相之間的善意，我們與朋友相處是以心對待人，視對方如己，當中亦是一種雙向的關係。亞里士多德提及有三種朋友：功利型朋友、快樂型朋友、德性型朋友。功利型朋友的關係建基於利益，就如一種合作關係，大家為著共同的利益而組成關係；快樂型朋友的關係建基於愉悅，大家會有共同興趣，就如玩伴（一同麻雀耍樂的「雀友」，一同喜歡閱讀討論的「書友」，一同吃喝玩樂的「朋友」），以共同享樂為主要目的；德性型朋友的關係建基於善，我們因為對方的德性而與對方結交，也因為我們之間的德性相近而與對方結交。德性型朋友與另外兩種朋友的另一分別在於內在與外在條件的分別。如果以日常語言來形容，德性型朋友是一種交心型的朋友，二人的關係並非建基於外在因素，而是基於對方自身及其德性（性格）。然而，功利型和快樂型都是基於外在因素，當中包括利益和興趣。當利益有所衝突，功利型的關係則隨之而破裂；當興趣活動（例如一場球賽）完結後，快樂型的朋友都會各散東西，只有當活動再次進行時才會再聚集；又或者當中的成員可以有所替代（例如換了另一個人於一同踢足球）。功利型和快樂型兩種的關係都不是一個穩固的朋友關係，甚至對於某些人而言，這些都稱不上是「朋友」。只有德性型的朋友才稱得上是「朋友」。

以上是以亞里士多德《尼各馬可倫理學》探討過友誼的一些概念作出思考「朋友是甚麼」這個議題。這本書也探討過朋友與道德，以及政治的一些關連，但在這則不作深入探討。在這裡討論主要目的是在於我們如何思考「朋友」，於我們而言，甚麼人才稱得上是朋友。書中提及的德性型朋友，我們可以將當中的德性簡化為性格。我們會與一些志同道合的人交友，而這個「道」卻非單純的吃喝玩樂，或相同的利益關係，而是大家的價值觀、性格等內在因素的投契與否而結交。基於這些因素，我們會與這些人容易交心，將自己的內心與他們分享。我們未必會與他們有共同興趣，又或者有共同的利益關係（就算有共同興趣和利益，這些也不是你們成為朋友的必要條件），但是我們之間的關係卻比每日一同上班的同事、每星期一同麻雀耍樂的雀友的關係更加牢固。

每個人對朋友的定義都會有所不同，有些人隨口也可以稱某人當作為朋友，有些人則對朋友這個關係非常嚴格，只有知己才可以稱得上是朋友。對你而言，朋友又是一段怎樣的關係？

為何舊知己在最後變不到老友

「為何舊知己在最後變不到老友」這句歌詞出自於〈最佳損友〉，形容有一些朋友，曾經在我們的人生中出現過，二人曾經是交心的朋友，但最後無疾而終，再見已是陌路人。

相信有不少人也曾經遇過這種事情，「問我有沒有，確實也沒有，一直躲避的藉口，非甚麼大仇」，雙方沒有甚麼怨恨，但卻由交心好友變成了陌路人。

究竟甚麼原因會導致到一段友誼終結？

我們嘗試以「個人同一性」的角度探討友誼的變化。

「個人同一性」主要探討的是「甚麼使得『我』是『我』」。隨著時間的改變，六十歲的「我」與三歲的「我」已經大大不同，喜好、記憶、價值觀、身體等等都已經有很大分別，為何這兩個「我」仍會是同一個人？

我們甚少純粹以相同肉體（或大腦）來定義同一性。我們可以試想想有一個肉體（小明）被另一個靈魂（家明）永久地佔據了身體，並且完全沒有任何小明的記憶、性格、喜好等特徵，我們會否仍然稱呼這副肉體為「小明」？

假如有靈魂的存在，我們也未必會以相同靈魂作為同一性的關鍵。我們又可以試以靈魂轉世來思考，假如你的伴侶（瑤瑤）轉世為一名男子（家明），而他並沒有上一輩子的任何記憶和特徵，你會否仍然會把「家明」當作「瑤瑤」般看待？

即是說，相同肉體（或大腦）或相同靈魂也不足以成為個人同一性的關鍵。那麼，當中有甚麼關鍵之處，我們會認為是「我」之所以為「我」的必要條件？

有部分人認為是「連續性」的原因，一個人的「連續性」才是關鍵。我們的人生就是如一部影片，由00:00:00開始，無間斷地播放，中間並無任何剪接，而當中的劇情也是合理地播映。所謂「人生如戲」，整套一鏡到底的電影就是「我」。三歲時的「我」和六十歲時的「我」只是這套電影的一部分。雖然兩個片段有所不同，但也是「我」的一部分。

上述簡單思考過「個人同一性」的問題，但又與「友誼」又有何關係呢？

「為何舊知己在最後變不到老友」這句話，代表著我們不明白為甚麼會無緣無故地與一名好朋友變成陌路人。明明對方都是同一個人，當中並沒有鬧不和，但雙方的關係變得難以修復。

時間的變遷會慢慢改變了一個人，十三歲的小明與三十歲的小明已經不同，三十歲的小明擁有不同的經歷和想法，價值觀已經與十三歲的他不同；十三歲的他只會及時行樂，而三十歲的他為將來打拼。不過根據上述個人同一性的探討，十三歲和三十歲的小明都是同一個人，為何我們會與十三歲的小明是知己，但與三十歲的小明不是老友？

其中一個原因是因為我們看待自己和看待朋友的角度並不相同。我們會把自己看待成一套電影，但我們看待朋友是一截片段。一套電影由不同的片段組成，有起承轉合、有笑點、有緊張的劇情、有動作部分、有伏線、有悶場等等。我們未必會完全喜歡整套電影，也許只會喜歡當中的某些情節，也會不喜歡某些情節。而我們能與朋友成為知己的時候，正是觀看著「朋友」於這套電影最精彩的情節。但是精彩的情節未必可以於整套電影中出現，又或者相同的情節不斷重演也會變得枯燥乏味。當我們在「朋友」這套電影遇到悶場的情節，便是我們開始疏遠對方的時候。我們可能仍會因為念舊、義氣，各種原因讓我們繼續觀看這套電影，但我們對這套電影的感情已經不如以往。假如這套電影的情節太沉悶的話，我們甚至會選擇離開戲院而不再觀看。假如一套電影只剩下雪花，我們也沒有必要堅持自己留在戲院。無論我們如何調校影片的光暗和聲效，這套電影也不會再播放我們想看的情節。

我們與「朋友」就如這部電影的情節一樣，當我們結交這位朋友的時候，正是我們剛剛入場看這一部電影。我們與朋友的關係就如電影的發展，我們一開始也不會知道這部電影好不好看，也許會慢慢隨著劇情的發展，令到你愈來愈投入其中，但也有可能讓你覺得枯燥乏味而中途離場。

從另一個角度思考，「為何舊知己在最後變不到老友」的「知己」是一位相識已久的朋友，大家互相認識，互相了解，一直以來都是以相同的方式相處，但為何這位「知己」最後連朋友也做不成，卻成為「來年陌生的是昨日最親的某某」。

於「個人同一性」而言，這位「知己」理應與「來年陌生」的這個人是同一個人，但為何卻會由知己變成了陌路人？這也許與我們與人交往的條件有關。或者具體來說，應該是我們與不同的人建立關係，都會有不同的必要條件。當這些必要條件有所改變時，我們與對方的關係也會因此而有所改變。例如：價值觀。中學時期，大家的友誼非常單純，與好朋友有很多的價值觀都相近，但當大家的生活圈子不同了，或許對方把金錢看得很重，一切都與金錢扯上關係，但你卻視錢財如糞土，更認為金錢是庸俗。這樣，二人的關係便會產生變化。原本你與這位朋友建立友誼的其中一項必要條件是價值觀相近，但這項必要條件消失之後，這段關係也隨之而消失。

知己，即與自己關係非常緊密的好朋友，雙方也對大家非常了解和關係密切，二人對對方非常信任，推心置腹。然而，「知己」成為「來年陌生的那位」，也即這段關係失去了二人之間最重要連結，失去了不止一項必要條件，而令到整段關係都失去了。「相處方式」也許是其中一個必要條件，假如原來與對方聯繫緊密，但現在卻被對方冷待而不知原因，這樣，關係難以再繼續下去。無論你再多麼努力也好，對方仍然冷待而不說明原因，「知己」也只會成為「來年陌生的某某」。這個情況下，這位曾經的知己不再是你熟悉的那位，於你而言，他已經變成了另外一人，朋友的同一性就此消失了。

原本，這位「知己」滿足了以下條件：推心置腹、無所不談、分享喜樂、分擔憂愁、互相信任、緊密聯繫……

然而，現在卻失去了以上條件，只剩「冷待」這個行為，這個人就不再能滿足以上成為「知己」（特定的那位）。雖然人是同一位，但卻不再是同一位知己，而是成為了陌生的某某。

知己，一位推心置腹的好友，感情不下於對愛侶的情感。有如歌詞所言：「卻沒人像你讓我 眼淚背著流 嚴重似情侶講分手」

失去一位知己的心情，也可以有如失戀般痛苦。

「人生得一知己足矣」這句話也能代表「知己」對於一個人而言有多重的份量。

亞里士多德在《尼各馬可倫理學》中也有提及過友誼的終結，「終止這種友誼也沒有甚麼不自然。因為他已經不是以前所是的那種人。所以，如果朋友已經變了並且無法挽救他，就與他分手。」「如果不能彼此相處，他們就不能夠做朋友。」

雖然《尼各馬可倫理學》強調朋友與德性相關，但應用到我們的生活情況，我們將德性視為性格或個人特點；當一個人不再如同以前一樣，性格和價值觀已經有所不同，而且兩人的性格再不可能相處，這段友誼也只能夠放棄。

「如果我們認為對朋友的關照應當與對陌生人的不一樣，那麼，只要不是由於極端的惡而分手，因過去的友愛之故，我們也應當對昔日的朋友有所關照。」

在此，我們都應對過往的友誼道別：再見了，曾經的知己，曾經的好朋友。

為甚麼會如此難受？

哲學思考可以讓人批判日常生活的事情，包括我們的個人情感。這篇文章跟大家分享早前一件與朋友傾談的趣事，當中體現如何透過哲學思考來加深自我了解，以及對事情的了解。

故事背景：

小明早前認識了一名異性朋友，二人的關係良好，平時會互訴心事，偶爾會外出用餐，談天說地。有一天，這位異性朋友突然疏遠了他，碰面時也冷淡回應，甚至限制了他的社交帳戶，訊息也只冷淡回應，甚至已讀不回，這一切都令他忐忑不安。直至一天，他心裡感到很難受，當中的難受難以言喻，他也不明白這種的「難受」究竟從何以來，因為他並不認為自己愛上這位朋友，但卻不知為何會有一種比失戀更難受的感覺。

一般而言，看到這個故事背景：一男一女的關係，一名男子因為一位女性朋友疏遠自己感到難受；我們通常都會認為小明一定是因為愛上了這位女性朋友，而她卻與其他人拍拖，令小明有如失戀一樣而感到難受。因此，小明「不明白」他的難受，只是他不願意承認自己其實已愛上了他的女性朋友。

實情又是否如此？真的如此理所當然地推論出這個結果？這些因素是否必然地有這一種推論結果？

透過與小明的對話，慢慢便發現事實也許並非如此，讓他如此難受的原因並非完全是這樣，也許有其他不同的原因。

小明堅持自己沒有愛上該女性朋友，最多是對女性朋友產生好感，又或者是一種情感上的依賴。實際上，小明認為就算她有男朋友也不會有這種難受感，因為他們有時也會討論女性朋友的約會對象，甚至小明會鼓勵她去接受其他男性。然而，小明卻會因為女性朋友的疏遠而感到難受，但卻不明白為何會有一種錐心之痛般的難受，甚至小明因此誘發出情緒病。他曾經深深愛過一個人，他非常明白愛上一個人的感受，亦明白失去一個愛人的感受有多痛有多難受。雖然這次難受的程度與上次不同，但也不認為女性朋友這件事情會讓他如此難受。因此我倆產生了以下的對話：

小明：我肯定自己沒有愛上她，但我承認我對她是有好感的，但這種好感卻有別於愛情上的好感。我看待她如同知己，一位靈魂伴侶。我最初覺得與她可以分享喜樂，分擔憂愁。我認為我遇到了一位靈魂伴侶。我認同被好朋友疏遠一定會感到難受，但絕不可能是有這種程度的難受，猶如錐心之痛。

我：會不會你發現到自己原來只是一隻兵，所以感到難受？

小明：不會不會，容我厚臉皮地說，假如真的只是兵也沒有問題。

我：哈哈，也是，當兵起碼也有價值，你現在甚麼也不是。

小明：但我又不覺得自己有被侮辱的感覺，也沒有那種被當成工具人的感受。就算我假設當時只是她的一隻兵，只是一個工具人，我也不會難受。因為我當時把她當成一位好朋友，最多是對這位朋友有好感，相處上也感到快樂。就算她真的把我當成工具人，但起碼在相處上我也感到快樂，也沒有甚麼問題。

我：既然不是這個原因，是否因為你覺得「當有代替品時，你就甚麼都不是」，這個原因而感到難受？

小明：我也明白自己對她而言，已經甚麼都不是，但也不認為這是令我難受的原因。

我：我的意思不是你這種，而是之前你和她的關係是「朋友」，而現在這段關係已經消失了，你們之間的連結也沒有了，你們之間甚麼都不是。而不是形容你的價值。

小明：你這樣說又好像有點對，突然有一種很空洞的感覺，而這種感覺就導致我有這種難受。心靈上好像有很大的缺失，有一個很大的洞。

我：再加上你與她的相處是快樂的，而你又承認對她有好感。我相信你在這段關係中是以心待人，也因為你視她如知己，用心去對待這段關係，情感上也對她有所依賴，所以現在一下子被疏遠，就有如被奪走心中最重要的部分。現在雖然與失戀仍有很大分別，但程度也不比失戀的低，加上剛剛論述的原因，便會令到你有這種難受的感覺。

小明：我相信應該如此。

我：唉，都不知你在做甚麼。你人生要承受多少這些東西才滿足呢？

小明：也許我渴望有一位知己，有一位靈魂伴侶。我以為我曾經擁有過，但原來不是。不過我也感恩曾經與她成為朋友。

我：你沒救的了。

小明：也許當時我和她都感到空虛，碰巧地我和她都需要人來陪伴，碰巧地她碰到我，可以填補她當時的空虛。當她回復正軌後，便發現我並不是一個適合陪伴她的人，甚至連做朋友也不可能。無論興趣和性格，大家都南轅北轍。她喜歡上天下海，我卻只喜歡留在家中。她喜歡社交遊玩，我卻只喜歡二人談天說地。這樣，又怎可能成為朋友呢。

我：你慢慢也思考到你和她處於一個怎樣的關係了。你們只是一段偶然的關係，碰巧地互相需要。當其中一方不需要對方時，加上你們又如此不合襯，又怎可能回到過去，有如知己般的關係呢？你們仍能於工作中輕鬆交流已經很難得，何必強求曾經虛幻的關係呢？

小明：以前，對她而言，我待她好，她也許會感到快樂。現在，我所謂的待她好，她也只會覺得困擾。以前的關心，她會覺得窩心；現在的關心，她只會覺得困擾。你說得對。也許我需要時間的幫忙，才可以慢慢放下。我不會再強求了。

我：加油吧！人生就是這個，不斷變化，我們也需要不斷接受。這個「她」不再是你當初認識的「她」。讀哲學的你，應該知道甚麼是「個人同一性」，當中與你成為知己的「她」不再是那個「她」，所以你不用再想「她」為何會這樣這樣，而你可以將「她」視為另一個人。兩年前與你結伴同遊、談天說地的「她」已經不再存在，現在的「她」只是一個你不認識的人而已。

小明：也許吧。回想之前，當她開始疏遠我的時候，我每天都花無數的氣力去嘗試與她拉近關係，一次又一次地做一些吃力不討好的事情，為的只是希望儘可能與她的距離拉近，甚至連尊嚴也不再理會。現在就會覺得，我沒氣力了，也明白到努力對維繫關係並不是一個必要條件。當你在對方心目中再沒有任何地位，你再做多少也只會是徒勞無功，倒不如順其自然，讓這段關係消失。再見了，當日與我成為知己的「她」，再見了。

有時候人與人之間的關係就是如此，是否一定要是愛情關係才會令人有切膚之痛？也許未必，只要你曾用心投放在一段關係上，親情、友情、愛情，也可以為你帶來相同程度的喜與悲。人生也是如此，充滿著各種的變化，並沒有永恆不變的定律。當我們對於一些事情有相當程度的期望，我們便有心理準備有機會有相應的失望。因為人生是充滿著偶然，事情並非必然地發生。我們以為與某人的關係能夠長久，我們以為我們的付出必然會有回報，其實這一切都只是偶然的，並不是必然。不論是朋友還是愛人，我們也許會不自覺地希望擁有對方，這種擁有雖然不是要將對方收藏起來，而是希望自己在對方心中佔據一個獨一無二的位置。人之所以為人，雖然有相同的本質，但作為一個獨立自主的人，每個人都是獨特而偶然的。

以上的故事都是真人真事，不過重點不在於真實與否，而是我們可以看到甚麼：

1. 蘇格拉底最著名的不是甚麼哲學理論，而是他的哲學精神和方法。他以「辯證法」——即是與別人交談爭辯，尋求真理。過程中透過問答的方式，將「錯誤」過濾，嘗試尋找真理。雖然交談的結果未必找到真理，但最起碼也知道甚麼不是真理。上述的情境雖然有別於蘇格拉底的辯證法，但同樣是以交談問答的方式逐步尋找答案，將錯的可能性提出，再加以批判，從中找出答案。

2. 我們很多時候都會以「直覺」的方式去判斷人的情感和其他事情。以小明一事為例，相信很多人都直覺地認為小明一定是因為意中人被搶走所以難受，一定與愛情有絕大關係。最後發現，原來小明是因為失去一段關係而感到空洞，而這種空洞為他帶來難受。我們甚少對這一些情感加以思考，嘗試了解自己更多。小明這次對他的感受產生疑惑，繼而進行一連串的批判思考。到最後他終於找到難受的原因；一來他可以透過情緒的認知來處理情緒，二來他對自己了解得更加深入。

3. 「泉涸，魚相與處於陸，相呴以濕，相濡以沫，不如相忘於江湖。」《莊子・大宗師》

按照字面的意思，即是當泉水乾涸後，魚兒被困於陸地上，魚兒之間只能夠勉強依靠空氣中的濕氣和大家之間的唾液維持生命。既然如此，不如忘記彼此，回到江湖中。人與人之間的關係不是單靠「努力」便可以維繫，既然要如此花氣力與對方拉近關係，不如放下這種「努力」，大家相忘於江湖，各行各路。「忘」並非刻意去忘記對方，不是有如失憶的那種感覺，而是「自然」和「不執著」。當我們忘記執著，不再刻意地與對方維繫，讓關係自然地生，自然地去，這才是我們看待朋友的態度。我們試想想，我們與最好的朋友是如何相處，我們也不會刻意地去討好我們的朋友，也不會刻意地維繫，但你們也會知道大家是對方的朋友。情感上，我們不會過分依賴對方；利益上，真正的朋友更不會過多的考量。這樣的友誼才可以細水長流。

蘇格拉底引用德爾斐的阿波羅神廟的一句聖喻：認識你自己（Know Thyself），認識我們自己是我們的終生目標。

正如蘇格拉底的名言：「未審視過的人生是不值得過活。」

假如我們從沒有反思過自己，沒有了解過自己，連自己都對自己感到陌生，那麼，我們這個的人生又是一個怎樣的人生呢？我們又是在過誰的人生呢？人生的每一段深刻的經歷都值得我們反思，從經歷認識自己。

被拋棄的倉鼠

Chapter 4 |

被拋棄的倉鼠

喜歡的定義

「我喜歡你」這句話，大家會理解為甚麼意思？

「喜歡」這一個字看似很淺白，很多人都會明白這個字的意思。不過，原來也有很多人對這個字詞有不同的理解。由此可見，「喜歡」這一個字也是有歧義的。

「我喜歡你」的意思可以分為以下幾種：

1. 與愛情相關的「喜歡」，希望可以愛護愛惜對方。
2. 帶有珍惜、愛護的意思的「喜歡」，但有別於愛情。
3. 親情、友情的「喜歡」
4. 出於個人喜好的「喜歡」，因為一些能滿足自己的條件而喜歡。
5. 就如喜歡物件般的「喜歡」，例如喜歡一部 iPhone、一個手袋。
6. 因為潮流而「喜歡」某一類型的人／事／物
7. 變態的「喜歡」，僅想佔有，甚至收藏對方。

還有很多各類的答案，難以逐一列出。以上主要反映出有很多人對於「喜歡」一詞也有不同的理解，有時候我們自己表達「喜歡」一詞也有可能會誤會了當中的意思。

有很多人都會認為自己是喜歡動物的，但是大家有沒有想過自己「喜歡」動物是出於哪一種「喜歡」？「喜歡動物」的人是否一定會「愛護動物」？「喜歡動物」的人是否一定是「有愛心」？

假如有一個虐貓狂徒不斷虐殺貓隻，並對外聲稱他是一個「喜歡小貓的人」。無疑，他的確是一個「喜歡小貓的人」，但他的「喜歡」卻與「有愛心／愛護動物」背道而馳。

以上是一個極端的例子，但是從中也可以反思究竟一個人「喜歡動物」是否真的等於「愛護／愛惜動物」，「喜歡動物」這個字詞同樣帶有歧義。有時候，我們自己也會對「喜歡動物」這個字詞有所誤解，自以為自己「喜歡動物」就必然是一個有「愛心」的人，並為自己加上光環。假如我們要分析「喜歡動物的人是否必然是一個有愛心／愛護動物的人」這句話，則必先釐清「喜歡動物的人」當中的「喜歡」究竟是甚麼意思，繼而判斷這個人（包括自己）是否也是一個有愛心／愛護動物的人。

愛貓的人：一種甚麼的愛？

愛有很多種，有性慾的愛、憐憫的愛、關懷的愛、私欲的愛等等。當我們一聽到「愛貓人士」，大家認為當中的「愛」是一種甚麼的愛？大部分人都會聯想到與「關懷」、「憐憫」這類有關的愛，也會聯想到這個人一定是很有愛心、非常愛護小貓、愛惜小貓等，幾乎所有都是一些「正面」的想法。

大家可以看看以下的情況，再試想想當中所謂的「愛貓人士」被滿足的愛，又是一種怎樣的「愛」？

因為有很多「愛貓人士」都受貓毛過敏的問題影響，而無法在家中養貓。現在外國透過科學研究，成功研發出一種不會產生「貓毛過敏」的貓，即是任何人對這種貓也不會產生任何敏感徵狀，這樣便可以滿足所有「愛貓人士」。

以上的情況，透過改變「貓」的基因令人不會對牠們有任何過敏反應，從而讓「愛貓人士」可以安心在家中飼養貓隻，這是滿足「佔有的愛」，也是一種「物欲的愛」。

從目的而言，這個「無敏感貓隻」的研發是為了解決人類對貓毛過敏的問題，而解決這個問題的目的又是甚麼？為了讓貓義工避免因為照顧貓隻而有敏感問題？為了讓街上的人在街上路過時免受貓毛敏感的困擾？還是為了讓受貓毛敏感困擾的人，可以在不受貓毛敏感困擾的情況下可以舒適地養貓？被改造的物種，又有沒有因為這項研發有任何得益？

然而，這個研發無疑是將整個物種物化。貓，原本是一個獨立自主的生命，有其本質價值。現在，這項研究僅將「貓」這個物種作為一件物品，或者一件商品，改善當中的問題，試試將這件物件改造得盡善盡美，而這個「盡善盡美」的標準是以「能否讓人安心持有」作根據。整個研發務求讓人們獲得一隻不會引發貓毛過敏的貓隻，就如讓人擁有一件無瑕疵的物品。

當這些「貓」成功研發後，大家認為牠們最早會在甚麼地方出現，以怎樣的形式出現？牠們將會作為一種商品的形態在市場上出現，吸引一眾「愛貓人士」來購買。

也許牠們會在領養機構讓人領養。假如真的如此，這也不能否定「物化」的問題。首先，領養機構設立的目的是為了幫助一些有需要的動物尋找家庭，主要目的是為了幫助被遺棄或流浪動物尋找可以照顧牠們的家庭，次要目的才是滿足人們養寵物的慾望。然而，研發一種「無貓毛敏感的貓」，然後再送到領養機構讓人領養，讓有貓毛過敏的人也可以領養貓隻，這豈不是本末倒置？這只不過是讓領養中心有更多貓讓人選擇，猶如一個二手市場，為了滿足更多人的需求，甚至將一手貨品加入到二手市場中讓人選擇。

領養動物的用意

社會上有不少動物，包括狗、貓、兔，甚至爬蟲類的動物，因為各種原因而需要幫助，除了愛護動物協會或其他不同的大型動保團體救助牠們外，也有不少自發動物義工自發到社區救助社區動物（或稱流浪動物）。有些義工會放下食糧為牠們提供溫飽，也有一些義工會為牠們提供暫時居所（或稱暫托家庭），再為牠們尋找適合的家庭。無論是大型動保團體或是自發義工，都會為動物尋找適合的領養人，為動物提供領養服務。

領養服務的主要用意是甚麼？為了讓人們免費獲得一隻寵物，還是為了救助動物？

有不少慈善活動的主要目的，都是為了幫助有需要的人士，而這些慈善活動會為捐款人或不同的善長人翁附帶其他益處，例如某某公司主席捐出過千萬的善款，除了可以幫助有需要人士外，也可以為主席帶來名譽上的益處，更有可能會有關稅項減免的益處。

假如沒有那些「附帶益處」，主席便不再捐款，大家認為這位主席是否真的希望幫助有需要人士？在這一個情況，主席的主要目的是為了「名譽、減稅」，能夠幫助有需要人士只不過是一種「附帶益處」。大家認為主席還可以自稱自己為一名「樂於助人、為善最樂」的人嗎？

如何將以上情境套用在動物領養的情況中？一名打算領養動物的人，A 先生，「因為無法領養動物或領養程序很麻煩而去購買動物」，大家可以嘗試分析 A 先生在領養動物的「主要目的」和「附帶益處」是甚麼？

有關領養動物還有另一個具爭議的議題，就是有部分人會認為領養的程序太麻煩，所以被迫要去購買動物。然而，他們真的是被迫購買寵物嗎？

的確有不少獨立義工（自發義工）的領養標準要求很高，甚至令人覺得不可思議，令到不少領養人卻步。

這一些麻煩的確會令想養寵物的人轉去購買寵物，但是這一些麻煩是否「迫人」去購買動物呢？

如果行為者是「被迫」去做一件事情，即是對行為者有一種必然的命令，行為者不得不做這一個行為；或者行為者不去做該事情的話，他需要承受一個他難以承受的後果。

例如：小明被惡人用槍威嚇他，要求他去購買動物，否則會將他射殺。這個情況下，如果小明不去「購買動物」，他則要承受「被射殺」的後果。以常理來推論，小明難以承受「被射殺」的後果，所以他不得不去「購買動物」。因此，小明在這個情況下，他是「被迫」購買動物。

從以上分析，「不能領養動物或領養程序很麻煩」真的會令人「被迫購買動物」嗎？

A 先生遇過很多義工，他希望可以從義工處領養一隻小貓。無奈他無法通過義工的審批（不論是高要求還是無理要求），更試過經過家訪後也被回絕。因此，他最後去了寵物店買了一隻貓。他經常強調自己「是被迫買貓，因為獨立義工很麻煩，經過三年也無法領養一隻，所以才被迫買貓。」

大家可以嘗試分析 A 先生是否真的「被迫」買貓？

A 先生買貓這個行為：

1. 是否受著一個必然命令，而他不得不遵從？
2. 當 A 先生不購買動物時，他必會承受一個他難以承受的後果？

3. 「養貓」是否一個不得不做的行為，導致 A 先生無論以任何方法都要得到一隻貓，所以 A 先生無法領養時，便要去購買一隻貓？

領養一隻動物，也許會接觸到不同類型的獨立義工，有些門檻較低，只需要一至兩次家訪，簡單了解領養人的背景便可以領養一隻小貓或小狗；有些門檻比較高，要了解領養人的收入，又要了解領養人的婚姻狀況，更要求一年家訪十次，甚至更多要求；有些甚至申請領養者滿足了眾多要求之後，仍要花很多時間審查，到最後也不獲批准。

有些人因為曾經遇過這一類的經歷，無法通過義工的審批，所以便「被迫」購買動物。

大家可以再看看以下例子：

追求伴侶（不管男女），也許會接觸到不同類型的人，有些要求很簡單，只需要你愛他／她，有基本可以照顧自己的收入，便會與你結為伴侶，有些要求比較高，不單是你要愛他／她，更要有很高的收入、最少有一間自住物業、每個月的薪金要把九成奉上；有些甚至滿足了眾多要求之後，花了很多時間去追求他／她，到最後也不接受你的愛意。

有些人因為曾經遇過這一些的經歷，無法得到對方的接受，所以便「被迫」去尋花問柳。

從以上這個例子，我們可以思考一件事，這個人本身追求伴侶的目的是為了甚麼？為甚麼他可以透過尋花問柳從而去取代追求伴侶？那麼，對他而言，追求伴侶的目的是甚麼？他是為了愛情，還是為了性愛？

再回到領養動物的事件，一個人以購買代替領養，那麼他為的是獲得一隻取悅自己的寵物，還是為了幫助需要尋家的動物？

假如有人以「領養很麻煩」為「購買動物」原因，那麼「追求很麻煩」為「召妓」的原因又可以嗎？（前提：並不談論購買動物的問題，只談「領養很麻煩」是否導致人「『被迫』購買動物」的問題。）

最後，大家可以思考多一個問題：「養寵物的人為甚麼要養寵物？」

目的是為了自己，還是為了動物的福祉？

為甚麼要領養動物？

每個人領養動物的原因也不同，有的是為了幫助動物，有的是為了尋找一隻免費寵物。有時候，我們也不能一概而論目的只有一個，但是也會分「主要目的」和「次要／附帶目的」。當一件事情被滿足時，其「主要目的」必然要被滿足，但「次要／附帶目的」不一定要同時被滿足，甚至有可能永遠也不被滿足；但是，只有「次要／附帶目的」被滿足，但「主要目的」不被滿足時，該事情也不能夠被滿足。

就例如：我們到一間餐廳用餐，而這間餐廳聲稱必然能令客人飽肚離開，而我們的「主要目的」也是為了充飢，只要能夠填飽肚子便可以了，食物的味道只是一個「次要／附帶目的」，即是食物的味道並不是最重要，甚至不是我們主要的考慮因素。因此，只要這餐飯能夠讓我們吃飽，食物的味道不好也不要緊。當然，如果食物味道能有高水準能令整件事情會更好；如果我們能夠於這餐飯中填飽肚子，就算食物的味道欠佳，我們都不會怪責這間餐廳。不過，如果這間餐廳的食物味道非常好，但卻無法令我們飽腹，即滿足不到我們的「主要目的」，我們便會怪責這間餐廳，因為這間餐廳只是滿足了我們的「次要／附帶目的」，卻未能滿足我們的「主要目的」。

回到領養動物這個議題：

A 在領養動物的目的中，「主要目的」是為流浪動物提供一個有愛的家，而「次要／附帶目的」是滿足自己可以養寵物的慾望。因此，他會堅持尋求動物義工去領養動物；縱然被回絕多次，也不會因此而去購買動物。因為購買動物來「滿足自己可以養寵物的慾望」只能滿足他的「次要／附帶目的」，卻未能滿足他的「主要目的」，所以這件事對於他來說是不可行的。

B 在領養動物的目的中，「主要目的」是滿足自己可以養寵物的慾望，而「次要／附帶目的」是為流浪動物提供一個有愛的家。當他在領養時遇到困難，無法領養動物時，這時候他便未能滿足「主要目的」，而「主要目的」未能滿足，更不會考慮「次要／附帶目的」，這個「次要／附帶目的」更會是妨礙「主要目的」的達成，所以便不再考慮領養，而決定購買動物。

在這裡並不是要評價「購買動物」或「領養動物」這個行為，而是希望從中帶出我們自身反省的過程。有些人因為在領養過程中遇到困難，則會責怪義工「阻礙」他們做善事，從而「強迫」他們做壞事。事實又是否真的如此？我們有時也會被一些「事情的表面」欺騙了，就如領養這個行為，在大眾的價值中，這是一件善事，而我們也會從後果來判斷似乎是一件善事，可以幫助動物。不過，作為自身的反省，我們也要考慮自己的動機是甚麼，而非單憑行動的後果，便對自己有一些過高或過低的道德判斷，繼而再指責他人阻礙自己做好事。

A 與 B 的「主要目的」和「次要／附帶目的」都不同，因此二人的行為也不同。A 不會因為領養遇到阻礙而去買動物，而 B 卻會因領養遇到阻礙而去買動物。A 的出發點是從動物福祉的角度，而 B 的出發點是從自身的角度，二人的出發點也不同，自然所考慮的因素也不同。從 A 的角度而言，購買寵物也不會為他滿足「主要目的」；但是從 B 的角度而言，購買寵物可以滿足他的「主要目的」，而領養程序卻反而令他未能滿足。動物義工（不管他們的準則）的出發點也是從動物的角度出發，「主要目的」是希望為所救的貓貓狗狗可以覓得一個穩定的家庭，而非只是為了「急於將動物送出」而胡亂找領養者，也不是為了讓人有免費寵物。「讓人有免費寵物」僅是一個「次要／附帶目的」，也是一個誘因鼓勵大眾支持領養和關注動物權益，從來也不是為了滿足個人飼養寵物的欲望。

我們可以再想想以下例子：

有一些慈善活動會頒發獎狀給予一些活動參加者，例如一些團體去長者中心進行探訪活動，長者中心會頒發錦旗給有關團體。假如長者中心不頒發錦旗或需要滿足很高要求的服務條件才會有錦旗頒發，這個情況下，大家會認為那個團體因此而「被迫」到一些錦旗製造商自行訂購錦旗掛在辦公室嗎？

如果該團體提供服務的「主要目的」在於「錦旗」，而「服務長者」只是「次要／附帶目的」，當該團體與長者中心了解有關服務時，得知長者中心「並不提供錦旗或獲得錦旗的資格很高」的時候，該團體「責怪」長者中心「並不提供錦旗或獲得錦旗的資格很高」，更稱長者中心「迫」他們外購錦旗，大家又會覺得該團體的「指責」合理嗎？

錢不是萬能，但沒錢就……

有不少人批評領養動物的門檻很高，甚至批評有關門檻與寵物的幸福並不相關。其實，大家有沒有想過「門檻」的意義是甚麼？

「門檻」的設定並不是為了刁難領養人，而是以一種「被動」的方式來為動物提供保障，這一些門檻的確無法確保動物被領養後「獲得」一個怎樣的生活，但是也可以儘可能「避免」一些可以合理預測的危險。

也許有些人會說：「為甚麼收入多少也影響領養？所謂『窮有窮養，富有富養』，我未必可以提供到優質生活，但也可以提供到幸福的生活給牠。有錢人也未必等於會愛錫動物。」

首先，站在義工的角度，與領養人並無任何交情，只能以條件式來判斷動物被領養後的生活。

第二，義工們並非希望動物有一個優質生活，但也希望動物被領養後可以有一個「安穩」生活。動物不同於人，人在一個社區下，無論有多貧窮也有醫療保障，但是動物在一個社區下並無任何醫療保障，而獸醫的診金和醫療費用比人類的醫療費用更為昂貴。假如你是該名義工，而領養人的收入並不理想，你會否擔心他有能力負擔動物將來的醫療費用和年老時的照顧費用？再者，因為動物高昂的「醫療負擔」而棄養的人比比皆是，假如領養人的收入並不理想，義工又怎能確保動物萬一有重病時不被棄養？

第三，的確有錢人不一定會愛錫動物，回到第一點，義工與領養人並無任何交情，並不知道領養人的人品，所以只能以條件來揀選領養人。領養人的收入的確無法確保領養人會否提供優質生活給動物，但作為義工，最起碼可以透過這一項條件確保領養人「不會因為沒有能力負擔動物的醫療費用而棄養」。

不單止是金錢，有一些義工的門檻在其他人心目中可能是非常古怪，例如：情侶同居的不能領養、家中有其他動物的也不能領養等等。當我們質疑這些門檻時，也可以試想想這些門檻的意義，而不是開首便想：「同居情侶也不一定……」、「家中有動物不是代表有經驗，所以則更合適嗎？」作為一個義工，當曾經面對過有很多「因為同居情侶分手而棄養」、「因為新領養的動物與家中動物不合而棄養」的事情，因此，有一些義工設立這些門檻也只是為了「避免」這類事情再次發生。站在動物的角度，義工們寧可不將動物送養，也不希望找錯的領養人，害了動物的一生。

最後，大家可以再思考，當我們面對領養的困難時，而想去購買動物；這時候，我們當初想領養的目的是甚麼？為的是動物，還是自己？

領養不棄養，領養代替購物。

目的、手段、本質

「導盲犬是否合乎道德」這個議題具有爭議性。不同人對動物議題有不同的看法，其中有部分人士表示「導盲犬與拆彈試毒不同」、「人與狗並不能作出類比」，因此不能以人的角度來說明有關動物的權益，有些也因此而認為犬隻作為導盲犬並無任何不道德的地方。

以下將分三篇來回應有關論點。

其中一個言論是「導盲犬與拆彈試毒不同，導盲犬並不會有生命危險，更可以為視障人士帶來方便。因此導盲犬服務並無不可。」

「導盲犬服務」的問題並不在於探討當中的目的，不是說在相關壓迫和剝削下所帶出的目的是甚麼，而是探討這樣的本質。

何謂探討目的？何謂探討手段？何謂探討本質？

「探討目的」即是我們探討該行為所帶出的目的，行為的本質並非最重要，而是行為所帶來的效益才是最大的考慮因素。例如：一個小孩也許會在壓迫和剝削下成長，但是這樣可以為社會帶來很大的效益（童兵，可以節省軍費，由小

「培養」他們的忠心），這種壓迫和剝削是可以容許的。不過，如果當中的目的並不能帶到最大效益（私人奴隸，小孩被「培養」成富人的私人奴隸），這種情況下的壓迫和剝削則不被容許。

「探討手段」即是達致目的的過程和方法。有些事情是因為手段過分殘忍而被禁止，而不是因為目的或者本質上不合理。例如：希望孩子讀書取得好成績這個目的並無不合理的地方，但是以一種過分催谷、每天補習十小時、興趣班一星期七個等等，則這個「手段」是太過苛刻而應被禁止。不過，如果「手段」溫和，培養孩子的學習興趣，以一些輕鬆愉快的方式讓孩子主動學習來取得好成績則沒有問題。

「探討本質」則是探討行為的本質，而非當中所帶來的目的。不論目的如何、不論這種行為能夠帶來有多大的效益，這種行為本質上則不被容許。

「導盲犬」的訓練過程需要狗隻學習絕對的服從，包括要在指令下才可以上廁所。由小到大都要培訓狗隻成為一隻無慾無求的生物，因為牠們必須要專心一致帶領視障人士而不得受外界影響。眾所周知，大家可以想像自己孩童時代，每個孩童都會想與朋友玩耍，與父母逛街時都會東張西望，有需要時也希望可以到洗手間解決，但導盲犬必須將以上一切割捨，從小更要與父母分離，包括與小時候的寄養家庭分離（狗隻對原生家庭是非常依賴），到了「退休」才有機會重返原本的寄養家庭。以上這一切都是對「導盲犬」壓迫和剝削，本質上更是扭曲狗隻的天性。

也許有人說：「如果手段能夠讓狗隻輕鬆愉快地成為導盲犬，則導盲犬服務便沒有問題吧！」

大家可以進行一個思想實驗：如果一個小孩由小到大都進入了一部「快樂的洗腦機器」，過程並不痛苦，被洗腦後也很樂意成為一位「導盲人」，終其一生也只能照顧一位視障人士，個人的大小二便也必須聽從指令才可以去洗手間解決，也不可以與他人玩樂等。這樣，大家又可以接受嗎？

現實上，有些事情的手段和本質難以完全分割。一來，整件事情在本質上已經有值得質疑的地方——扭曲狗隻的天性、繼而要求牠用其一生無條件地賣命。二來，現實上要扭曲一個物種／人的本性，也難以用「輕鬆愉快」的方法來處理。

大家嘗試代入「導盲犬」的角度，雖然牠們能夠為視障人士帶來很高效益，也有別於拆彈和試毒，但是就代表這種壓迫和剝削是可以合理化嗎？這樣的壓迫和剝削合乎道德嗎？

導盲犬機構聲稱他們不會強迫狗隻扭曲自己的性格，而是經過甄選，以及血統保證（即其父母也是導盲犬，以儘可能遺傳具備成為導盲犬的特質和性格），選擇性格合適的狗隻才會進行導盲犬訓練，否則也不會強行訓練。

然而，這也不影響事件的本質問題，即視一個生命主體為一件工具。無論是甄選過程、血統保證等，導盲犬機構的目的都只是希望尋找一個能夠為視障人士服務的工具，而不是為狗隻（作為一個生命主體）的福祉作為考量。

也許有人會提出另一種觀點：「人與狗怎可能這樣類比，人是人，狗是狗，兩者不可能相提並論。」

大家也可以思考一下，「人與狗，到底可否相提並論？」

因為牠是狗——物種主義

上一篇最後提出一個思考問題：「人與狗，到底可否相提並論？」

的確，人與狗並不可以在「所有事情」上相提並論。因此，類比論證並不能胡亂使用，否則會造成牽強比附的謬誤。假如我們因為人有口，狗也有口；而人懂得說中文，從而類比——狗也懂得說中文，這個類比論證則很有問題，兩者的類比項與其語言能力並不相關，繼而推論出一個不相關的結論，這便是牽強比附的謬誤。

然而，我們將人類小孩的痛苦與狗的痛苦進行類比，又會否出現牽強比附的謬誤？

人類小孩與狗的類比項：

1. 對父母／寄養家庭的掛念

2. 強制壓抑他們想玩樂的情感

3. 終生不斷處於工作模式

以上的痛苦類比項不能一一列舉，但是狗隻都同樣有情感，也同樣有慾望，同樣都會感受到以上的壓迫和剝削，也許牠們不能表達（其實牠們並非不能表達，只是牠們的表達方式與人類不一樣），但不等於不能感受。

既然狗也能夠感受痛苦，人也能感受痛苦，為甚麼狗能夠被人剝削被人利用，而人卻不可以？

為甚麼我們不能接受人類小孩在相關的壓迫和剝削生活，而容許狗隻在相關壓迫和剝削下生活？

為甚麼我們不能接受用類似的方式將人類小孩訓練成「導盲人」，而容許狗隻訓練成為「導盲犬」？

兩者的分別在於甚麼？

有些人會回應：「很簡單，因為我們是人，牠們是狗，所以將狗訓練成『導盲犬』並沒有問題，但是將人訓練成『導盲人』則剝削了人的基本權利。」

僅僅因為物種的差異，便可以有如此的對待差異？

我們試想想以下各種情況：

1. 當一個男員工和女員工的資歷相同，但二人「同工不同酬」，男員工的薪酬比女員工的多三成，而原因只因為二人的性別差異。

2. 在古時，只有男性擁有參與政治的權利、女性沒有任何投票和發表意見的權利，原因是因為性別差異。

3. 曾經在美國，黑人並不能與白人共用餐廳內的洗手間，黑人只能用餐廳外的公廁，原因是因為黑人與白人的分別。

那麼，人類不可以被剝削和訓練成為「導盲人」，而狗隻則可以任意從其父母中取走來訓練成「導盲犬」，原因是因為一個是人，另一個是狗。這種情況如以上的有甚麼分別？

如果僅僅是因為物種差異而導致這種差異對待，這樣是一種「物種歧視」。這與性別歧視和種族歧視相近，三者都是以一種強勢的單位來欺壓另一個單位。而人類以一種「人類至上主義」來「統治」這個世界的其他物種，只要能夠為人類帶來效益的，其他物種本身的權利則可以漠視，甚至認為其他物種是沒有任何權益可言。就算其他物種有一些權利，都是比人類低一等的。

當有人反對「白人至上主義」，為甚麼人類則可以容許「人類至上主義」？當有人反對「種族主義」，為甚麼人類則可以容許「物種主義」？

是否「一直以來」都是這樣，所以「物種主義」這可以合理化？

（導盲犬只是其中一種例子，大家可以嘗試代入不同的動物處境，尤其是那些僅是人類一方得益，而動物受剝削的例子。）

（這些例子都是表面都包裝得很美好，看似雙方受惠，實際上只有一方得益，另一方則被剝削。）

理所當然地「物化」

也有不少人提出這個疑問：「導盲犬又不是被訓練去試毒拆彈，寵物犬也要被訓練在家中如廁，難道這也是不合理嗎？」

這個問題並不是在於訓練犬隻的「目的」是甚麼來界定當中的合理性，並不是訓練犬隻成為導盲犬，當中沒有生命危險便沒有問題；而訓練犬隻成為地雷搜索犬，當中有生命危險才有問題，整個問題是「將犬隻訓練成『工具犬』（不只是工作犬）」，物化了犬隻的存在。

當人類視犬隻為工具，無論人類之後如何「善待」這一件工具；無論人類「使用」這件工具的目的是甚麼也好，也不會改變「視犬隻為工具」這個事實。

就好像以前我們不會探討「應該如何對待奴隸」，我們也不會探討「奴隸應該培養來做甚麼」，而是探討「奴隸本身應否存在」的問題。

在日常生活中，「寵物犬」是一件非常普及於人類社會的生物。大家都理所當然地認為「寵物犬」的存在是必然的。大家有沒有想過這種「理所當然」的事，也是以一種剝削其他物種的方式存在？

其實「寵物犬」與「導盲犬」的出現也是一樣，也是作為一個「工具目的」而存在。大家為可以試想想：

1.「寵物犬」為甚麼會出現？

2. 當人類希望擁有一隻「寵物犬」的時候，原因是甚麼？

這一切都僅僅是滿足人類的慾望，滿足人類「想飼養寵物」／「想擁有一隻可愛寵物」的慾望。當需要滿足人類這些的慾望時，便需要到「寵物犬」的出現。然後這一些「寵物犬」需要融入人類社會生活，所以則需要被訓練在人類社會的規矩，例如：在家中特定位置如廁、只可以在街上如廁、不准胡亂吠叫，不可以咬家中的物品等等。（不單止是行為訓練，包括絕育、剪尾等改造手術。）

作為「主人」的人類，視這一切都是理所當然，認為所有養狗的人都會這樣做，否則犬隻都不能在人類社會生存。

以上這個想法，我們可以進一步反思：

1. 犬隻要接受這些訓練和改造，目的是為了誰？
2. 如果那隻狗未能被訓練成功，這個「主人」會怎樣做？

3. 我們作為人類，為了在人類社會生活，接受社教化，似乎也是理所當然。但是，為甚麼犬隻必須融入人類社會生活？
4. 「幫助牠們融入人類社會」看似是一個很好的事情，實際上人類「幫助牠們融入人類社會」是為了甚麼呢？
5. 究竟是誰「強行」將犬隻帶到人類社會？繼而要求牠們融入人類社會？
6. 假如不是需要滿足人的慾望，這一些「工具犬」又會被「製造」出來嗎？
7. 「工具犬」的存在是必須的嗎？

當人類強調「幫助牠們融入人類社會」，為的似乎是為了動物本身，實際上人類也只不過是當牠們是「工具」。

假如人類不需要「工具犬」（包括寵物犬和導盲犬），「工具犬繁殖場」則不會存在；「工具犬繁殖場」則不會存在，則不需要訓練這些從「工具犬繁殖場」出來的犬隻成為「工具犬」，也不需要「幫助」牠們融入人類社會。

回應開首，當我們視訓練「寵物犬如廁」為理所當然的時候，我們可以再退回一步想，「我們這樣做究竟是為了誰？」、「這樣的目的是為了甚麼？」

這樣的理所當然又是否真的如此理所當然？

（人與狗的權益是可以「相提並論」，但並不是「一概而論」。人類與狗同樣有感受痛苦的能力、同樣有對自由的渴望。因此，有關這兩種的權益是可以相提並論。不過，狗並沒有參與人類政治的能力，所以我們無須將所有的權益與狗一概而論，不會探討會否剝削犬隻的參與政治權。因此，我們談論兩者的權益時，要慎防犯了以偏概全的謬誤。）

你愛哈士奇，他愛林寶堅尼

為甚麼你喜歡養哈士奇？

「因為我覺得哈士奇很有英氣。」

「因為我個人喜歡哈士奇這款大狗。」

「因為我希望人生中有最少一隻哈士奇可以陪伴我。」

……

以上是各式各樣的「原因」解釋為甚麼某些人喜歡養哈士奇，而所有的原因的出發點都是以「我」這個主體出發，並且滿足「我」為主要目的。當中並沒有考慮過任何有關哈士奇的利益。這樣與一個人喜歡林寶堅尼的心態有甚麼分別？一個人喜歡並且購買林寶堅尼所考慮的主要原因，都只是自己個人的喜好和滿足個人欲望（對跑車的熱愛、身分的象徵、沉醉旁人的目光等），而無須要考慮這部跑車的感受和利益，原因是跑車只是一件死物，並沒有任何感受，就算一部跑車被誰購買、如何被駕駛，甚至只作收藏品而長期放在車房也不會有任何感受。

但是，哈士奇是否與林寶堅尼一樣沒有任何感受？

不是，哈士奇有不同的感受，有喜怒哀樂，以及不同的感官感受，有別於死物，而且有別於植物這類生物。哈士奇是一個生命主體（subjects-of-a-life）（這概念由哲學家Tom Regan 提出），與人類相同，具有個體意識，擁有個體想法和感受，牠自己本身已經具有本質價值，而非僅僅由人類賦予牠們價值。哈士奇原生於極地，適合於冰天雪地的環境生活。牠們的體質和身體結構都讓牠們能夠於「不穿任何衣服」的情況下在寒冷的天氣生活。然而，人們為了「個人目的」，將極地生活的哈士奇遷於最低氣溫也未必有十度的香港生活。有些人更為了保持哈士奇的「英氣」，為牠們留下厚厚的毛髮，趾高氣揚地帶著哈士奇在烈日下散步，猶如在繁忙的街道上駕著奢華的林寶堅尼。兩者不同的是，駕車人士可以無須理會林寶堅尼會否過熱、會否有任何「感受」也沒問題;哈士奇飼主以同樣態度對待哈士奇則有很大問題，因為哈士奇會感受到炎熱、會感受到疲倦，牠並不是一件沒有感受的死物，而是一個活生生具有情感的生命。

那麼，只要提供到適當的生活環境給哈士奇則沒問題吧。

也許，這只是比上述的人好一點。不過，回到購買哈士奇的原因，買家的購買原因全部都是為了滿足自己，滿足個人的喜好和欲望，並非從哈士奇的利益角度出發。一個具有主體性的生命卻被人當成工具來滿足自己，成為一件商品在市場上買賣，自己卻沒有主宰自己的一生，只能被買家和商家擺佈。就算飼主願意提供良好的生活環境，但這也不是必然，並且這一切起源都只是飼主為了滿足自己而購買一隻商品化的哈士奇，貶低了作為生命主體的價值。

也許有人認為購買寵物是合情合理，但我們不要忘記，當年童養媳和黑奴買賣也是合情合理。回想到黑奴時代，我們試想想，就算奴隸主能夠善待黑奴，那麼黑奴買賣也是合情合理嗎？重點是在於如何對待黑奴，還是黑奴制度本身？

制度本身已經有一個道德問題，無論技術上和實踐上如何改善，也不會改變了當中的道德價值。回想到奴隸制度，假如政策上制定了「善待奴隸」的規條，例如不得虐打他們、提及適當的環境生活等；這樣也不會改變了奴隸制度本身的道德問題：「視某些人僅作工具。」因為奴隸制度本身就視奴隸為低一等生物，他們的存在只為減輕主人的工作和為主人服務，他們的權利是被剝削的，他們沒有自由解除自己的奴隸身分，一生只是隸屬於他們的主人。這樣，無論奴隸制度如何改善，也改不了制度本身的道德問題。

我們嘗試將這個情況套用到動物，牠們也是一個生命主體，牠們的智慧雖然與人類有所不同，但也有相近，甚至更高階的感官系統，也有不同的情感。因此，當我們思考動物福利的時候，動物（貓狗等）為甚麼會與我們不同？為甚麼允許牠們作為寵物讓人購買，但人類卻被禁止？兩者之間的權利差異在於甚麼？這一切都值得我們深思。

關於批評動保的謬誤

在社交媒體上，每逢有關為動物爭取權益、保護動物、救助流浪動物之類的文章或內容，很多時都會有些人這樣回應：「既然你們這麼喜歡動物，自己帶回家養吧。」我曾經在餵飼流浪貓的時候也曾經有人不帶善意地說：「你這麼愛貓，不如將整區的流浪貓也帶回家。」

我相信有不少動物義工也希望自己有能力將所有流浪貓帶回家中飼養，以確保牠們的安全和溫飽。可是，現實上大部分人都沒有能力和空間，將所有流浪貓帶回家，所以也只能夠略盡綿力去幫助牠們。再者，愛護動物與將所有動物帶回家飼養是否有一個必要的關係？我們可以轉向以另外一些社會例子來思考。社會上有不少社福團體和活動幫助有需要的人，例如星期六通常都會有不同的社福機構賣旗籌款，其中有些受助人士為孤兒。然而，賣旗籌款的義工及買旗捐款的熱心人士，又是否要按照那些人所說，將所有的孤兒領養回家？

幫助有需要的人士和物種有很多不同的方法，並不是只有一種。有些人可以親身到相關團體做義工服務，有些人可以透過捐款支持這些團體的開支和營運。因此，我們不應該被一些狹隘的思想限制了幫助他人和動物的方法。

數年前因為疫情關係，政府下令將所有寵物店的鼠類人道毀滅，有動保人士出來指斥事件；有些人反斥動保人士說：「現在殺鼠則意見多多，禽流感殺雞又不見你們出來，那麼禽流感都不要殺雞吧！」

首先，當禽流感爆發，政府下令要將雞隻人道毀滅時，並不是沒有動保人士發聲，但人數的確沒有為寵物鼠發聲的多。然而，他們的指控蘊含一個意義，即動保人士為寵物鼠發聲是不合理。

不過，禽流感爆發時的確很少人為雞隻發聲，但是「少人」則代表禽流感殺雞這件事情能夠合理化嗎？也許這個想法很離地，但是我們可以進行一個簡單類比，如果人類爆疫情（當然早年也發生了），而用相同的手段，大家又會如何看待？的確如果要用隔離的方式去對待雞隻或寵物鼠需要不少成本和資源，但是這一切都可以用生命來衡量嗎？而當中的成本比起大白象工程還要高嗎？生命是何價？人類的生命與其他物種的生命到底相差了甚麼？我們可以反思為甚麼人類的生存權是天賦，但動物的生存權就是由人去賦予？

曾經發生了一宗野豬傷人事件，最後野豬被人道毀滅。有不少人在看到報導後都關心野豬的情況，而甚少人關心事件中的傷者；因而有人指斥：「這些動保人都非常偽善，只懂關心野豬，而不會關心傷者，難道傷者不也是受害者嗎？」

首先，對野豬表達關心並不等於對受害者無感。於不同的報導中，大家都可以得知道傷者的情況，而傷者的傷勢屬輕傷。對比野豬的情況，野豬已被有關部門捕捉，並且能夠預視到野豬將會落得慘淡的下場。一方只是受了輕傷，而另一方則要面臨死亡。兩者比較之下，人們對野豬的關心比對傷者的關心大得多也是合情合理，兩者的差異大得甚至忽略了關注傷者的情況也算合情合理。

再者，「動保人」都是關注動物權益的人，將注意力集中在動物身上屬正常。正如一些關心無家者的團體，他們都會集中於無家者的議題上發聲，但並不代表他們會漠視其他弱勢社群的權益。難道你會在他們為無家者發聲的情況下，指責他們不為劏房戶發聲、指責他們不為低收入人士發聲、指責他們偽善？不同的團體關注不同的社群，各個團體會將注意力集中於他們所關注的社群，為他們所關注的社群發聲，並不等於他們是偽善，並不等於他們漠視其他群體的權益。

香港也曾經發生過出海觀看鯨魚事件（不幸的是鯨魚已死），有些人會用類似的指控來合理化或淡化自己觀鯨的行為，例如「你們為何又不指斥日本的捕鯨船，他們直接殺害鯨魚不是更差嗎？」他們會以一個更差的行為，或者類近的行為，質疑指控者為何不指控那些人，來合理化或淡化自己的罪行。這種辯解是一種稱為「訴諸偽善的謬誤」（Appeal to Hypocrisy），將被指斥的錯誤轉移視線，以其他「差不多」或「更差」的錯誤，來合理化或淡化自己的行為，並且反過來指斥控訴者的指控是一種偽善行為。

首先，他人的行為（例如捕鯨）是一個錯誤；我們不可能以一個錯誤的行為，以類比的方式來證成自己的行為（例如觀鯨）是一個對的行為。就算他人的行為是比自己被指控的行為更差，在這樣的比較下，最多只能證明自己的行為不是「最差」，只是比他人的行為「沒這般差」，卻不可能將自己錯誤的行為推論成一個對的行為。再者，他人的行為又與你的行為有何關係？老土的提問：「難道這個世界有人打家劫舍，就代表你去打家劫舍也是一個對的行為？」其他人做同一個行為，並不能證明你的行為是對的行為。

另外，就算他人不指斥「捕鯨」，就算他人真的是偽善也好，這代表可以合理化或淡化「觀鯨」這個行為嗎？更何況現在的重點是在於「觀鯨」這個行為被指斥，大家都將主題集中在談論「觀鯨」，這與指斥「捕鯨」與否又有何關係？難道我們要將所有危害動物的行為逐一指斥後，才可以指斥「觀鯨」這個行為嗎？要是這樣的話，難道我們每一次指斥某人的某些行為，也需要指斥所有人的所有錯處嗎？這也是不可能的。

當我們評論一個行為的對錯是沒有必然以其他行為來支持或反對，亦沒有必要以他人的行為來支持或反對。有些人或許會說，某些富人也光明正大地一腳踏多船，為甚麼自己出軌就是錯？這是一種偽托權威（Appeal to Authority）的謬誤，錯過地引用不相關的人士作為某事件的權威，來支持或反對當中的結論。富人並不是「一腳踏多船」的權威，他也不是道德行為的權威，就算引用他的行為也不可能合理化自己出軌的行為。回到「觀鯨」這個事件，有人也指出一些富人更自組富人團去觀鯨，平民為甚麼不可以觀鯨？首先，基於這次的情況與外國的觀鯨環境有所不同，鯨魚是誤入水域，而且具有生命危險，而觀鯨這個行為更會為這條鯨魚帶來生命傷害，所以這次的觀鯨被視為一種錯誤的行為而備受指責；因此，這次的情況並不可以與外國的觀鯨活動相提並論。再者，富人觀鯨並不等於觀鯨這個行為是對的，因為這些富人並不是道德行為的權威，也不是海洋生態學的權威，以「富人」作為觀鯨行為的道德指標是不恰當的，這也是一種偽托權威的謬誤。

有時候有些人的批評看似頭頭是道，但當我們深入思考的時候，便會發現當中的謬誤。

被拋棄的不單止是一隻倉鼠，而是一段關係

疫情期間，倉鼠曾被發現帶有病毒，有機會傳染給人類。因此，政府下令將某一個時期購入的寵物鼠人道毀滅，更要求所有人曾於該時期已購回家中的寵物鼠自行帶到相關機構進行人道毀滅。

當很多人都抱著「只不過是動物，難道要為了一隻倉鼠而犧牲人類嗎？」又或者是「不過是一隻倉鼠，有必要小題大做嗎？」的想法。

這次我不談「人類中心主義／物種主義」的問題，我們談談「關係」的問題。

很多人在這個議題上，不少人只懂得以「人類／動物」二分法來討論，但是我們又有沒有思考過人與動物的「關係」？

你的朋友之所以是你的朋友，並不是因為你的朋友是一個人類，也不是因為你的朋友富有或其他條件，而是因為你與他之間有一段感情，這段感情便是友情。就算對方有甚麼條件也好，假如你和他之間沒有「友情」，你們之間還會是甚麼關係？

家人亦是如此，親生子女是家人，領養子女是家人，親屬兄弟是家人，結拜兄弟是家人，有很多不同類別的關係也可以是家人。家人並不限於血緣關係，而是與我們有緊密的情感聯繫，我們也會視他們為家人。反之，有些人與你具有血緣關係，名義上法律上他也是你的「家人」，但你打從心裡也未必會視他為「家人」般看待，因為你與他之間沒有「情」，沒有「親情」。

我們視一個對象為我們的朋友或家人，想深一層，其實並不是建基於血緣與物種，而是你對該對象的情感聯繫。我們與家人的關係是建基於「親情」，與朋友的關係是建基於「友情」，與伴侶的關係是建基於「愛情」。這一切的關係都是建基於「情」。

當中也不是只局限於相同物種才可以建立這一種情感聯繫。人與狗，人與貓，人與倉鼠，也可以建立這一段親密「關係」。隨著時代的變遷，動物與人的關係也不斷改變，動物與人也能夠建立不同的情感聯繫，以前視動物為工具，演變成伙伴、寵物、朋友，甚至是家人的關係。人與動物之間的關係的基礎，和人與人之間的關係的基礎也是相同，就是你與對象之間的情感聯繫，即是「情」。

當時從網絡上看到一名小孩被家人棄養他鍾愛的一隻小倉鼠，他痛哭流涕，非常不捨，更以電話不斷拍下小倉鼠的最後影像，片段中仍看到小倉鼠傻傻地留在籠裡，小孩還大哭：「倉鼠也是生命。」

小孩心碎，並不只是因為「倉鼠也是生命」，更是因為小孩與倉鼠之間的感情關係。他們在生活中的點滴已經建立了一段關係，可能是朋友，也可能是家人。那天，他的親生父母因疫情要小孩將他自己的「朋友／家人」送死，小孩因目送「朋友／家人」要被送去人道毀滅而傷心欲絕。

這裡已經不再是談論甚麼人與動物，而是一段關係。

在小孩心中，被殺的不單止是一隻數十元的廉價倉鼠，而是他的「朋友／家人」。

在小孩心中，被迫拋棄的不單止是一隻動物，而是一段他珍而重之的關係。

有些人可能會覺得「只不過」是一隻倉鼠，有需要這麼誇張嗎？對於那些人，那是一隻與他們無關的倉鼠。但在那小孩的心目中，他與倉鼠已經建立了一段深厚的關係。

「關係」無分對象，無分時間，只分深淺。我們可以與一些結交數十年的同事只有很淺層的關係，就算到他離職當天我們也未必會有一絲不捨；我們也可以與一個僅相識數天的人成為莫逆之交，建立一段深厚的關係。有些人由小時候開始種植一棵樹，這棵樹陪伴到他終老，每當他傷心的時候，也會與這棵樹訴苦，久而久之也會與這棵樹建立了一段深厚的關係。

「關係」是一種屬於私人性質的情感和特性，外人是難以代入其中。就算我們可能曾經經歷過類似的關係，但是我們也不可能完全體會到不同的關係的感受，所以我們也很難站在高地去批評別人對某些關係的情感。

回到倉鼠與小孩事件，很多人都批評「只不過」是一隻倉鼠，最多之後再買過。然而，他們都沒有代入過小孩的角度來想。當小孩與這隻倉鼠建立了一段關係之後，這隻倉鼠就不再是一隻可以用任何倉鼠或物件來取替，牠已經是一隻與小孩建立了一段關係的倉鼠。就如我們的朋友，我們的每一位朋友都是獨一無二，不可能以另一個人去取代其中一位的地位。

後記

首先感謝亮光文化的邀請，這本書才有機會面世。也感謝李敬恆博士和陳嘉銘博士為書中內容和結構提出不少建議，但我能力有限，未必可以完全領悟兩位的建議，所以書中內容和結構如有任何問題，也是我的能力所限，與兩位無關。

這是我的第一本書，起初沒有太多的想法，只是有一個非常粗糙的主意——哲學、愛情、動物、倫理，這些概念。因為這些都是我平時喜歡思考的議題。基於我不是一個喜歡計劃周詳的人，以往也沒有一種先寫大綱再寫內容的習慣，主要都是隨心所寫，寫完再慢慢修改。一開始都是一篇又一篇的文章，由編輯為文章分類，才有這本書的結構，否則都只會是一堆散亂的文章。

在重編這些文章的時候，我會再對相關議題反思，與最初寫的時候有所不同，這也是哲學思考有趣的地方。相同的議題於不同的時候所想也會有所不同，的確會造成「今天的我，打倒昨日的我」。

尤其動物倫理的篇幅，因為我是一個關注動物議題的人，也會很容易因為動物所受的不公義而氣憤，所以最初寫動物倫理的部分時，有不少意氣的說話而忽略了理性思考的部分，甚至用詞不當。我寫這個篇章時，期望可以以理服人，讓大家知道不同動物議題的情況，也希望讓大家可以了解到如何以哲學思考相關議題。但原初卻被情緒主導，就算內容有理，但讀的時候卻只從文字中反映到寫的時候的情緒，有如一個偏激的動物愛好者，而令文章失去了說理的部分。這裡也感謝陳嘉銘博士的提醒，讓我可以重新審視自己的文章。

說實話，我對自己的文筆和思考覺得仍有不少進步的空間。假如我再讀一次這本書，相信也有不少值得修改的部分。不過，某程度上，這本書的內容正正反映出這個時期的我，也是我這個人的一部分。寫到這裡，我自己也進行了一個簡單的哲學思考，思考著這本書與我的關係，與一個怎樣的我的關係，以及是一個個人同一性的問題。

最後，感謝讀者閱畢這本書。

譚煒劻

六月十四日

enlighten & fish 亮光

書　　名：讓哲學剖開生活之道
作　　者：譚煒勵

出 版 社：亮光文化有限公司 Enlighten & Fish Ltd
社　　長：林慶儀
編　　輯：亮光文化編輯部
設　　計：亮光文化設計部
地　　址：新界火炭坳背灣街61-63號
盈力工業中心5樓10室
電　　話：(852) 3621 0077
傳　　真：(852) 3621 0277
電　　郵：info@enlightenfish.com.hk
網　　店：www.signer.com.hk
面　　書：www.facebook.com/enlightenfish

2025年7月初版

I S B N　978-988-8884-64-3
定　　價：港幣$138

法律顧問：鄭德燕律師